中华优秀传统文化

员工教育读本

刘 希◎著

传统永不过时，传承受益无穷

弘扬中国传统文化，学习古人做人做事的智慧

中华工商联合出版社

图书在版编目（CIP）数据

中华优秀传统文化员工教育读本 / 刘希著. — 北京 :
中华工商联合出版社, 2019.7
ISBN 978-7-5158-2512-0

Ⅰ.①中… Ⅱ.①刘… Ⅲ.①企业-职工-修养-中
国-通俗读物 Ⅳ.①F272.92-49

中国版本图书馆CIP数据核字(2019)第106745号

中华优秀传统文化员工教育读本

作　　者：刘　希
责任编辑：付德华　俞　芬
封面设计：安然设计工作室
责任审读：于建廷
责任印制：迈致红
出版发行：中华工商联合出版社有限责任公司
印　　刷：大厂回族自治县德诚印务有限公司
版　　次：2019年8月第1版
印　　次：2019年8月第1次印刷
开　　本：787mm×1092mm　1/16
字　　数：140千字
印　　张：14.25
书　　号：ISBN 978-7-5158-2512-0
定　　价：42.00元

服务热线：010-58301130
销售热线：010-58302813
地址邮编：北京市西城区西环广场A座
19-20层，100044
Http：//www.chgslcbs.cn
E-mail：cicapl202@sina.com（营销中心）
E-mail：gslzbs@sina.com（总编室）

序 言

中华民族是这个世界上最古老的民族之一，我们拥有悠久的历史和灿烂的文化，几千年下来，我们积累了无数的优秀传统思想文化。

但随着经济社会的发展，这些传统和历史逐渐被人遗忘。传统文化无疑是珍贵的。习近平总书记就曾经讲过，要学习中国历史，了解和懂得自古以来中国人民创造的灿烂历史文化，继承中华民族在漫长历史发展中形成的优良传统，从中汲取思想精华，结合新的实践不断发扬光大。

中国的传统文化就是教人做事和做人的文化。

它教导我们，做人要讲诚信。所谓言必信，行必果。古人历来把诚信当成是做人的一大准则，各种典籍故事也在不断地彰显着诚信的力量和失信的惩罚。

它还教导我们做人要善良。《道德经》上说，“天道无亲，常与善人”。大道、天地的法则都是这样：没有亲疏，却把善果酬善人。

它还教导我们，做人要宽容。宽以待人，严于律己，做一个懂得宽容的人，是传统的彰显，也是当下的需求。

它还教导我们，做事要勤劳。勤劳是我们中国人最基本的品质，古人说天道酬勤，积跬步以至千里，他们把勤劳的基因留给了世世代代的中国人，这也应当是我们去传承和发扬的优良品质。

它还教导我们，做事要懂得好学变通。三人行必有我师，好学才能增长智与识；事不凝滞，理贵变通，懂得变通，我们做事才能更加顺手。

凡此种种，不一而足。

如果你希望成就更好的自己，你不必非得去读《人性的弱点》《羊皮卷》等西方著作，你可以直接从中华传统文化中找到自己的精神粮仓。从《论语》到《孟子》，从《道德经》到《菜根谭》，从《增广贤文》到《小窗幽记》，这些凝练了中华民族数千年智慧的典籍中有你想要的答案。随手拈来一本、一篇、一段，甚至是一句话，都会使你受益良多。

这也是我们写作这本书的目的。我们想要告诉大家，传统文化中蕴含了巨大的精神力量，你可以从中学习到做人之道，也能掌握做事之道。本书立足中国传统文化典籍，选取传统文化中与当下生活息息相关的点和面做重点论述，将传统文化与做人做事结合起来，为广大读者在日常行为规范、自我修养等方面提供精神养料。希望读者在阅读本书后能够获得启发，果真如此，那将是编者莫大的荣幸。也衷心祝愿读完这本书的朋友能够从传统文化中汲取做人做事的营养，成就更优秀的自己。

目　录

第一章　诚信为本，秉持诚信之念

诚信是为人之本，自古以来，中华民族就以诚信为传统美德。在现实生活中，只有守信于人，我们才能赢得他人和社会的信任，只有讲诚信，我们才能交到真正的朋友。

以诚待人，以信立世

言不信者，行不果。一个人的外在表现，往往是内在心理的延展，拥有什么样的内在秉性，就会呈现出什么样的行为处事。诚信是力量的一种象征，它显示着一个人的高度自重。一个诚信的人必然也是言出必行，能做到言行统一。

有一位非常富有的官员，一天深夜，他走在回家的路上，被一个蓬头垢面、衣衫褴褛的男孩拦住了。

“大人，请您买一包火柴吧。”男孩说道。

“我不买。”官员回答说。

“大人，请您买一包吧，我今天还什么东西也没有吃呢。”男孩追了上来。

官员看到躲不开男孩，便说：“可是我没有零钱呀。”

“大人，你先拿上火柴，我去给你换零钱。”说完，男孩拿着官员给的钱快步跑走了。

官员按着两人的约定在原地等了很久，可是仍然不见男孩回来，最后，官员只能无奈地回家了。

官员正在自己的办公室工作，仆人说来了一个男孩要求面见官员。于是，男孩被叫了进来，这个男孩比卖火柴的男孩矮了一些，穿得更破烂。

“大人，对不起了，我的哥哥让我把零钱给您送来了。”小男孩说。

“你的哥哥呢？”官员疑惑地问道。

“我的哥哥在换完零钱回来找你的路上，被马车撞成重伤了，现在在家躺着呢。”小男孩回答。

男孩被撞伤后，无法回到原地归还官员剩下的零钱，便特意交代弟弟第二天把零钱送还给官员。

官员听完，深深地被男孩的诚信所感动。“走！我们去看看你的哥哥！”官员说。到了男孩的家中，官员看见只有一个可怜的母亲正在照顾重伤的男孩。一见到官员，男孩一脸歉意地说：“对不起，我没有按时把零钱给您送回去！”

后来，官员了解到，眼前的两个男孩不仅从小丧父，而且，他们在小小的年纪就要承担起整个家的重担，照顾体弱的母亲。官员非常欣赏这两个孩子，他毅然决定承担两个孩子生活所需要的一切费用，并担起了照看两个孩子的责任。

诚信是一种闪光的品格，它不是刻意的表演，而是深入骨髓的素养。在这个故事里，官员之所以会在最后承担起照顾两个孩子的责任，是因为两个诚信的孩子打动了他。

尽管官员与小男孩素不相识，但是，他却被小男孩身上所拥有的诚信力量深深打动。即便自己已经被车撞伤，小男孩仍坚持要把钱还给官员，信守自己的承诺，如此质朴的举动，让官员看到了小男孩身上难能可贵的素养。

一个人若不守信，便会失去别人对他的信任。《郁离子》中记载了一个因失信而丧生的故事：

济阴有个商人过河时，船沉了，他抓住一根麻杆大声呼救。有个渔夫闻声而来。商人急忙喊："我是济阴最大的富翁，你若能救我，我就给你百金。"被救上岸后，商人却翻脸不认账了，只给了渔夫十金。

渔夫责怪他不守信，出尔反尔。商人说："你一个打渔的，一生都挣不了几个钱，突然得十金还不满足吗？"渔夫只得快快而去。不料想，后来那个商人又一次翻船了。那个曾被他骗过的渔夫恰好在场。有人呼救，渔夫说："他就是那个说话不算数的人！"于是，商人淹死了。

立世以诚，待人以诚，面对诱惑，不怦然心动，不为其所惑。如果我们能时刻将诚信放在心中，那即便处于困境，也会有人愿意出手相救；而一旦失信于人，在危难时刻也难有人施以援手，只能坐以待毙，无力回天。

一言九鼎，说到做到

春秋时期有个叫曾子的人，是孔子的弟子，他不但学问高，而且为人非常诚实，从不欺骗别人，对自己的孩子也是说到做到。

有一天，曾子的妻子要去赶集，孩子哭着要和母亲一块儿去，于是，母亲对他说："乖孩子，待在家里等娘，娘赶集回来给你杀猪吃。"孩子信以为真，一边欢天喜地地跑回家，一边喊着："有肉吃了，有肉吃了。"孩子一整天都待在家里等母亲回来，村子里的小伙伴来找他玩，他都拒绝了。他靠在墙根下一边晒太阳，一边想着猪肉的味道，心里甭提多高兴了。

傍晚，孩子远远地看见母亲回来了，三步并作两步地跑上前去迎接，一边喊着："娘，娘，快杀猪，快杀猪。"

曾子的妻子说："一头猪够咱家两三个月的口粮呢，怎么能随随便便杀猪呢？"听到母亲这样说，孩子哇的一声就哭了。

曾子闻声而来，知道了事情的原委以后，二话没说，转身就回到屋子里。过一会儿，他拿着刀出来了，曾子的妻子吓坏了，因为曾子一向对孩子非常严厉，她以为曾子要教训孩子，连忙把孩子搂在怀里。哪知，曾子却径直奔向猪圈。妻子不解地问："你拿着刀跑到猪圈里干什么？"曾子毫不思索地回答："杀猪。"

妻子听了，扑哧一声笑了："不过年、不过节的，杀什么猪呢？"曾子严肃地说："你不是答应过孩子要杀猪给他吃吗？既然答应了，就应该做到。"妻子说："我只不过是哄孩子高兴，和小孩子说话，何必当真呢？"曾子说："对孩子就更应该说到做到了，不然，这不是明摆着让孩子学着父母撒谎吗？父母都说话不算话，以后有什么资格教育孩子呢？"

妻子听了曾子的话惭愧地低下了头，夫妻俩真的杀了猪给孩子吃并宴请了乡亲们，告诉乡亲们教育孩子要以身作则。虽然曾子的做法遭到一些人的嘲笑，但是，他却教育出了诚实守信的孩子。

同样的故事也发生在18世纪的英国。

英国政治家福克斯以其言而有信著称。他的父亲是一名正统的英国人，父亲曾给小福克斯上了生动的一课。

十八世纪，富有的英国官员的住宅都坐落在漂亮的花园内，福克斯家的花园里有一座旧亭子，他的父亲想将其拆除，并在较为开阔处另建一座。小福克斯从学校回家，正巧赶上工人在拆亭子。孩子当然很想亲眼看一看亭子是怎样拆除的，所以，他打算迟些天再返校，父亲却要他准时到校上课。为此，父子间颇有嫌隙，母亲在旁替小福克斯说项。末了，父亲答应将亭子的拆迁推迟到来年假期，于是，小福克斯就离家返校了。

父亲想，儿子忙于学习，慢慢就会把此事忘掉。于是，儿子一走，他就让人把亭子拆了，在另一处盖了一座新的亭子。谁想到儿子却一直把亭子这件事记在心头。假期又到了，小福克斯一回家，就朝旧亭子走去。

早餐时，他闷闷不乐地对父亲说："你说话不算数！"父亲听后，大为震惊，他严肃地说："孩子，你说得对，我错了，我就改。言而有信比财富更重要。"后来，父亲让人在原地盖起了一座亭子，再当着孩子的面将其拆除……

《论语》中说："人而无信，不知其可，大车无輗，小车无軏，其何以行之哉！？"——"人如果要是不讲信用的话，我真不知道该怎么称他为人了！就好比车子没有车轴一样，怎么能行呢？！"

诚信是中华传统文化中的重要理念，也是我们老祖宗留给子孙后代的告诫。所谓"一言九鼎，说到做到"，说的就是既然答应了别人，就应该遵守自己的诺言。

卡尔·威勒欧普是百事可乐公司的总裁，快下班时，他接到市长的邀请去参加一场晚宴。尽管对方是市长，但他毫不犹豫地谢绝道："很抱歉，我已经说好今天晚上陪女儿过生日。我不想做一个失约的父亲。"

走出办公大楼，卡尔给女儿买了生日礼物，驱车直奔市中心新开业的游乐园，去那里与妻子一道为女儿过生日。

为避免受到打扰，卡尔和妻子都关闭了手机，他们全身心地陪伴着女儿，开心地享受着这个愉快的日子。

卡尔正兴致勃勃地看着女儿吹灭蜡烛，并开始切分蛋糕，他的助理急匆匆地赶来了。他把卡尔叫到旁边，小声汇报：有一个非常重要的客户想在这个晚上与他见一面。

“可是，我已答应了女儿，今天整个晚上都陪在她身边。”卡尔面露难色。

“客户此前确实没有约定，他只在此地做短暂的停留，是临时决定要拜见总裁的……”助理委婉地建议道。

怎么办？一边是已经陪了两个小时、正玩得开心的女儿，而另一边是等待约见的公司重要的客户。卡尔没有犹豫，他转身告诉助理：“我觉得我还是应该留下来陪女儿，你去接待一下客户，并替我转达真诚的歉意，跟他约好时间，届时我会亲自登门拜访。”

“卡尔先生，您是不是先去……”助理提醒总裁这个客户实在太重要了，丝毫不能得罪。

“爸爸，您先去忙工作吧，妈妈陪我一样的。”得知内情的女儿十分理解父亲，催促父亲去见客户。

“不，我已说过，我不想做一个失约的父亲。今天晚上，市长的宴请和客户的约见，确实都很重要，但我一个月前向女儿许下的承诺更重要。”卡尔一脸的坚定，让助理打消了继续劝说的念头。

第二天，卡尔上班做的第一件事，就是打电话向那位客户道歉，客户非但没有生气，反而由衷地赞叹道："卡尔先生，其实我要感谢您啊，是您用行动让我记住了什么叫一诺千金，我明白百事可乐公司兴旺发达的真正原因了。"

此后，卡尔和这位客户成了非常亲密的合作伙伴，甚至在公司经营遭遇最大困难的时候，他们也不曾动摇对彼此的信任。

卡尔无疑是一位称职的父亲，为了不违背自己许下的承诺，他宁愿耽误工作，也要尽一个父亲的责任。因为卡尔明白自己对女儿来说意味着什么，他也知道作为一个父亲，他有责任让女儿开心快乐地成长。

信用是你一辈子最大的财富

“诚”的字面意思是诚实，也就是以诚待人；而“信”则是对自己守信，也就是以信律己。有位哲人曾说过，人的境界可以分为五种，追求真善美乃是最高的境界。这其中的“真”，便是“诚信”。在“健康”“美丽”“诚信”“机敏”“才学”“金钱”“荣誉”这七个人生背囊中，我们可以丢弃“美丽”而粗陋，可以丢弃“金钱”而贫穷，也可以丢弃“荣誉”而平凡，但切不可丢弃“诚信”而欺诈。

一家高级轿车代理公司的总经理，决定从两位业务主管当中选出一位来接替他的位子。于是，他找来两位候选人，给他们布置了一项任务。总经理布置的任务很简单，德国原厂50辆最新款的轿车就要运抵，他想给这两位业务主管三个月的时间，看谁卖得最多，谁就是新的总经理。

总经理特别向他们强调一点，原厂告知，这款车有一个电子零件有瑕疵，出现瑕疵的概率只有50%，但因为这个瑕疵不会影响到行车及安全性，所以，原厂没有计划主动召回车子。

两位候选人都相当有信心，因为根据销售记录，他们两人都具有在三个月内卖掉30辆车的实力。但最后的销售状况却出现了很大的落差，因为在三个月竞赛期满的时候，其中一个业务主管卖出了49辆，另外一位一辆车也没卖出去。

总经理对这样的结果感到很纳闷，他调出过去三个月来这两位竞争者的销售日报表，结果，他惊讶地发现，两人的来客数及试车数不相上下，但销售量却大相径庭。好奇的总经理于是请一位朋友乔装成顾客，分别向这两位候选人买车。

经过详细的介绍，并且煞有介事地试驾这款新车后，总经理的朋友很满意地向那位已卖出49辆车的业务主管说："请问最快何时可以交车？""可以立刻交车。"

第二天，总经理的朋友向那位没卖出一辆车的业务主管试车后问："请问最快何时可以交车？""三个月。""为何要这么久？""因为此款车进量有限，我的配额刚好卖完。若您急着要车，我可以介绍您向我的同事购买，他还有最后一辆！"

听完朋友的叙述后，总经理好奇地找来那位落败的主管，问他为何要将客户往竞争对手那里推。"听说，在卖出去的49辆车中，其中有30辆车的客户都是你介绍过去的。你为什么要这样做？"这位主管说："从员工的角度，我有达成销售的责任，因此，我不能停止销售这50辆车；但从我自己的角度，我无法卖一辆事先知道有瑕疵、没有零件可以更换的车子给客人。所以，在向客人介绍时，我都如实告知此瑕疵。虽然造成最后别人卖得比我多，但如果他被您选为总经理，就表示您比较在乎业绩，而不在乎诚信。从职场生涯角度看，我也应该不适合在这样的企业里工作。”

就在这个时候，那位卖了49辆车的业务主管走进办公室，拿一张文件给总经理，说这是德国原厂发来的电子邮件，上面写着：“25件备品要再延迟30天才能交货。”

这位业务主管不安地对总经理说：“又要延迟30天，我有好多客户吵着要退车！”老总问：“有几位？”业务主管说：“25位。”

试问，如果你是要买车的顾客，你会在谁那里买车？如果你是总经理，你会选谁当总经理？

失去信用，会让自己在当下这个信用社会中寸步难行，而为自己积累信用，你则可能有许多意想不到的收获。

有一位老太太东拼西凑借钱开了一家零件批发商店，多年之后，她竟然腰缠万贯。何以至此？因为她坚信“一毛钱”中有诚信，每盒零件只赚一毛钱。有一次，买方算错了钱，老太太立即转了几趟车，亲自把钱送还。因为老太太的诚信感动了许多人，因此，她的顾客越来越多，大家宁愿跑远的路，也要到她的店里买东西。

信用与成功是连在一起的。它或许会带来万贯家财，或许会带来功成名就，或许会带来流芳百世……但是，这一切都不是最根本的，最根本的乃是心灵的崇高和精神的富足，有了信用，我们才会拥有这一生都用不完的“财富”。

恪守信约，言出必行

古人云："君子一言既出，驷马难追，言出必行，行则必果。"说到做到应是我们做人的准则，也是处理好人际关系、树立威信的有效方法。

诚信是立身之本，没有诚信，我们就无法在社会中立足。古代谋略家都把诚信当作笼络人的一种手段，并且非常有效。利用诚信作武器，几乎所向无敌。

建安五年，曹操出兵东征。刘备被迫投奔袁绍，而关羽则为曹操捕获，拜为偏将军。曹操对关羽很尊重，待之以厚礼。

后来，曹操发现关羽心神不宁，并没有久留的意思，于是对张辽说："请你去试着问问关羽，看他是否愿意留在这里。"于是，张辽来到关羽的住处，询问关羽的意见。关羽叹息说："我知道曹公对我厚爱，但是，我既受到刘备的知遇大恩，并起过共生死的誓愿，是不能背信弃义的。我总有一天要离开的，但在离开以前，对曹公一定要有所回报。"

张辽转告了曹操，曹操敬重关羽的义气。后来，关羽斩杀了袁绍的大将军颜良、文丑，并解了曹操的白马之围，曹操知道他肯定是要走了，于是，重重赏赐了关羽。而关羽则把曹操所有赏赐的东西，原封不动地包好留下，投奔正在袁绍军营里的刘备去了。曹操的部下要去追杀关羽，曹操说："人，各有其主，不要去追他。"

后人对曹操处理这件事的做法表示赞赏，认为曹操赏识关羽对刘备的忠心，不胁迫关羽留下，而成全关羽的义气，具有帝王的气概和风度。在今人看来，曹操这样做，不过是借处理关羽事件以显示其仁义罢了，目的是为了取信于民，图谋霸业。但我们也可由此看出，即使是像曹操这样的枭雄，都不敢失去信义，可见信义在人际交往的过程中是多么重要。

成吉思汗入主中原后，为了统治需要，提倡忠君思想。对待归降的将士，凡是背弃和戮杀旧主的，一律处死；凡放走旧主，使之逃跑，或为掩护旧主而积极抵抗的，反而以礼相待，给予重赏。

据历史记载："桑昆曾设计谋害成吉思汗，后来桑昆战败而出逃，阔阔出盗走桑昆的坐骑，将桑昆丢弃在荒野上，独自来投降成吉思汗。成吉思汗说：'这样的人怎么能叫他做我的部下？'于是杀死了阔阔出。"

成吉思汗对王汗却是另一番情形。王汗与成吉思汗奋战三天三夜，最后精疲力竭，准备投降。投降前，王汗对成吉思汗说："请您让我的部下走得远些，这样的话，您让我死，我便死，赐我活，我就为您效劳。”成吉思汗说：“教部下逃命跑得远远的，一个人同我厮杀，这难道不是大丈夫作为吗？这样的人可以做我的助手。”

司马光曾经说过：“信义，是君王的最大法宝。国家靠人民保护，人民靠信义保护。不讲信义，就无法领导人民；没有人民，就没有办法守卫国家。所以，古代的君王，不欺骗天下之人；称霸天下的人，不欺骗邻国；善于治理国家的人，不欺骗自己的臣民；善于持家的人，不欺骗自己的亲人。不善于称王称霸、治国持家的人正好相反，欺骗邻国，欺骗百姓，甚至于连自己的兄弟父子也要欺骗。上面不相信下面，下面也不相信上面，上下离心离德，最终导致失败。这岂不是太可悲了吗？”

言行合一，忠信可靠

自古以来，圣贤一再地教诲我们，高远的志节往往是表现于内心之中，真正的大善乃是言行合一。什么是言行合一？顾名思义，言即语言，行即行为。做出来的事符合说出去的话，这就是言行合一。

春秋时期的季札是吴国国君的公子。有一次，季札出使鲁国时经过徐国，于是，他就去拜会徐君。徐君一见到季札，就被他的气质所打动。徐君默视着季札端庄得体的仪容与着装，突然，被他腰间的一把祥光闪动的佩剑深深地吸引住了。古时候，剑是一种装饰，也代表着一种礼仪。无论是士臣还是将相，身上通常都会佩戴着一把宝剑。

季札的这柄剑铸造得很有气魄，几颗宝石镶嵌其中，典雅而又不失庄重。只有像季札这般气质的人，才配得上这把剑。徐君虽然心里喜欢这柄剑，却不好意思表达出来，只是不住地观望那柄剑。季札看在眼里，内心暗暗想道："等我办完事情之后，一定要回来将这把佩剑送给徐君。"为了完成出使的使命，季札暂时还无法把剑送给他。

怎料世事无常，等到季札出使返回的时候，徐君却已经过世了。季子来到徐君的墓旁，内心有说不出的悲戚与感伤。他望着苍凉的天空，把那柄长长的剑挂在了树上，心中默默地祝祷着："您虽然已经走了，我内心那曾有的许诺却常在。希望您的在天之灵，在向着这棵树遥遥而望之时，还会记得我佩着这把长长的剑向你道别的那个时候。"他默默地对着墓碑躬身而拜，然后返身离去。

季札的随从非常疑惑地问他："徐君已经过世了，您将这把剑悬在这里，又有什么用呢？"而季札却说："始吾已心许之，岂以死背吾心哉？"这就是说，虽然他已经走了，但我的内心对他曾经有过承诺。徐君非常喜欢这把剑，我心里想回来之后，一定要将剑送给他。君子讲求的是诚信与道义，怎么能够因为他的过世，而背弃为人应有的信与义，违弃原本的初衷呢？

一个言行合一的人也一定是个表里如一、诚实守信的人。这样的人会让别人觉得靠谱，这样的人能获得他人的认可和信赖。

言行合一，忠信可靠，这句话不仅要求我们说到做到，这句话还教会我们：没做成的事，一定不要先说出来。古语说，"诺不轻信，故人不负我；诺不轻许，故我不负人。"当我们想要完成一件事，即使自己对这件事很有把握，也不要在做成这件事之前就说出来。也就是说，当你还没有娶这位女孩的时候，千万不要许诺会陪她一生一世，这样你会被误解成一个辜负感情的人；当你还没被提拔为办公室主任的时候，千万不要跟朋友说你很快就要升职了，这样你会被误解成一个爱吹牛的人；当你想要实现环球旅游的梦想，还没开始做的时候，千万不要把梦想挂在嘴边，这样你会被误解成是一个不靠谱的人。

言行不一致的人会是什么样的人呢？从心理学的角度来说，一个人言行不一致，说一套做一套，是因为自私、随意、执着我利、贪图享受、博取一时满足等等心理不断的叠加积累形成的。言行不一致的人一定是一个自私自利的人，是一个心口不一的人，是一个口是心非的人，是一个不被人信赖的人。

很多言行不一致的人都以为自己做得天衣无缝，认为别人看不出来自己的言行差异。事实上，你的身体姿态、你的面部表情、你的语言，随时随地都在出卖你。但凡有一点社会经验的人，都能看出你语言上的破绽；但凡有一点情商的人，都能察觉出你情感上的言不由衷。想必有人会反驳："被看出来的人只是境界不高，有些表面话、谎话说得连自己都信了，那才是高手。"如果你真的永远是这样一个戴着假面具而不被任何人察觉的人，那么，你不该暗自庆幸了，你大概有了神经错乱的潜质了。所谓路遥知马力，日久见人心，事实和真相总会为人所知。

那么，我们要怎样做一个言行合一的人呢？

要想言行合一，首先要心口合一。也就是说，要想做到言行合一，就要遵从自己的真实心理去说话做事，只有你说的话和你做的事都符合你的本意，两者之间才不会背离。这就要求我们做人做事要真诚、真实。

要想言行合一，还要有坚定的信念。为什么需要坚定的信念呢？因为一旦遇到突发阻力，我们可能无法完成承诺过的事情，此时，就需要我们有坚定的信念去完成自己的诺言。

要想言行合一，得慎言慎行。我们要说话谨慎，行事小心，控制自己的言行，以免说出去的话难以收场，做出来的事破坏了自己树立起来的形象。

第二章　厚德载物，修炼正直品格

人因高贵的品质而通融于世。好的品德是做人的基础，是生存的脊梁，也是为人处世的根本。“品端”则“人立”，品行端正，做人才有气场。要想赢得他人的信赖与尊敬，我们就需要正直仁厚、存善于心。

人因德而立，国因德而兴

“一撇一捺是个人，世世代代学做人”。一个思想落后的人，即使靠钻营取巧获得了成功，也只是暂时的，他不可能取得长久的成功。只有品德高尚的人才能使团队具有向心力，从成功走向成功。

人有三种，一种是仗势欺人，一种是恃才压人，最后一种是以德服人。仗势欺人的人自恃地位高而说三道四，自然是不可能团结人，更不可能获得成功；恃才压人的人自恃学识高而盛气凌人，殊不知“闻道有先后，术业有专攻”，“尺有所短，寸有所长”，难以学到更多的知识，也就难以取得更大的成功；只有以德服人的人以自己的修养和品德感染人，乐于助人，以德报怨，才能团结到一切可以团结到的人。

那么，如何做到以德立身呢？首先，你要有较高的道德修养，较高的道德修养是能够以德服人的基础；然后要有一定的气质，那种气质就要先感染人；再者，你要有学识，才讲得出道理，还要有说话技巧。这样，你才能成为一个自律、爱人的智者，才能以德立身。

《菜根谭》中有言："遇欺诈之人，以诚心感动之；遇暴戾之人，以和气熏蒸之；遇倾邪私曲之人，以名义气节激砺之；天下无不入我陶冶矣。"意思是说，遇到狡猾欺诈的人，要用赤诚之心来感动他；遇到性情狂暴乖戾的人，要用温和的态度来感化他；遇到行为不正、自私自利的人，要用大义气节来激励他。假如能做到这几点，那天下的人都会受到我的美德感化了。

世上的人千人千面，每个人都面临适应人生、适应社会的问题。所谓以不变应万变，面对大千世界，抱定以德服人、以诚待人的态度来适应不同个性的人，即便就是冥顽不化的人，也要以诚相待，使他受到感化。所谓"精诚所至，金石为开"，以我之德化，来启人之良知。历史上这样的例子很多。

正如偌大的星空，每颗星星都有自己的位子一样，社会中的每个人，无论高低贵贱、大小强弱，也都有自己的生存空间。在那个小小的空间里，每个人都有自己的喜怒哀乐，每个人都有自己的生存方式和生活习惯。然而，每个人的生存空间都不是孤立存在着，所以，要拥有自己的生存空间，就得以诚待人，以德服人，相互照应，尊重他人的处事方式、生活习惯，与人方便，与己方便，维护平衡，寻求和谐，共同创造良好的生存环境。世界是拥挤的，但是，只要心理空间博大，你看这同一个世界的感觉就不一样。心中塞满了苦恼、私欲、小家子气，那么，你就会觉得太压抑；反之，就是另一种感觉。人人都拥有一个博大的心理空间，懂得尊重他人，能忍受痛苦、委屈，就会减少碰撞和摩擦，世界就会在心中变大，矛盾减少，欢乐增多，生存空间也就自然显得宽阔了。

后汉时期有名的义士陈重是一个非常大度、能自我牺牲的人。有一次，陈重同屋的一位郎官告假回家，误将邻人的裤子带走了。裤子的主人怀疑是陈重拿走的，陈重没有分辩一声，就买了一条新裤子还给邻人，直到休假的郎官返回才真相大白。传说陈重一生中做了许多这样的事，他的一个同事负债累累，有一天债主前来要债，陈重就帮他还清了债，而且事后闭口不谈此事。可见他还别人一条裤子已经不算什么大事，问题在于：你明明没偷，人们却怀疑你偷，更何况陈重不但默认了，顶着小偷的帽子不说，还要诚心诚意地替人赔偿，是不是太窝囊了呢？其实不是，他暂时牺牲了名誉，破了点钱财，消除了邻居的怨气，换来的是平安和永久的信任，因为误会总有解除的时候。

三国时期的刘备曾对其子说过："勿以恶小而为之，勿以善小而不为。"这里所说的"为"与"不为"，就很有朴素的辩证法。小恶虽小，不以为然，酿成大恶，就悔之晚矣，所以不能因其小而为之。小善也是善，积小成大，积少成多，小善就会变大善，所以，虽小善也要为之。

说到这里，又不得不提曹操断发的故事。

曹操虽然生性多疑，野心很大，但在军队中却留下了美名。一次麦熟时节，曹操率领大军去打仗，沿途的老百姓因为害怕士兵，都躲到村外，没有一个敢回家收割小麦的。曹操得知后，立即派人挨家挨户告诉老百姓和各处看守边境的官吏：现在正是麦熟的时候，士兵如有践踏麦田的，立即斩首示众。曹操的官兵在经过麦田时，都下马走过，没一个敢踩踏麦田。老百姓看见了，没有不称颂的。

可这时，飞起一只鸟惊吓了曹操的马，马一下子踏入麦田，踏坏了一大片麦子。曹操要求治自己踩踏麦田的罪行，官员说："我怎么能给丞相治罪呢？"曹操说："我亲口说的话，自己都不遵守，还会有谁心甘情愿地遵守呢？一个不守信用的人，怎么能统领成千上万的士兵呢？"随即拔剑要自刎，众人连忙拦住。后来，曹操传令三军：丞相踩踏麦田，本该斩首示众。因为肩负重任，所以割掉自己的头发替罪。曹操断发守军纪的故事一时传为美谈。

原蒙牛的牛根生董事长录用人的标准是："有德有才，破格重用；有德无才，培养使用；有才无德，限制录用；无德无才，坚决不用。""以德立身"是做人的根本，以人为鉴，可明得失，以史为鉴，可知兴替。让我们牢记以德服人、以诚待人、宽容待人、以理服人，做一个堂堂正正、被众人敬仰的人。

正直为人，厚道待人

人生不外乎两件事：一是做人，二是做事。正直是做人之本，踏实是成事之源。做人做事，既是一门学问，又是一门艺术。做人一定要正直无私，做事一定要脚踏实地。

做人要有底气，做事要有锐气；昧着良心做事，害人又害己；不负良心做事，利己又利民。做人要做明白人，做事要做干净事，做官要做清正官。做人不被私心所困而心烦意乱，做事不被私事所扰而分心走神，做官不被私情所惑而引火烧身。

魏征是唐代杰出的政治家和著名的宰相，他为人正直、刚正，曾提出“薄赋敛，轻租税”“居安思危”“兼听则明，偏听则暗”等思想，加上为人俭朴，所以一直深受人民的称道。魏征的夫人裴氏也是一名廉洁、俭朴的好女人，历史上出名的贤内助。

裴氏自嫁给丈夫之后，一直勤俭节约，并随丈夫住在一间旧屋里，每天纺纱织布度日。唐太宗听说魏征家的房子十分破烂，便派人去为他修整房屋。当工匠们来到魏家时，魏夫人对来人说："他(指魏征)住惯了老房子，住不惯华丽大厦，请皇上原谅，不要给他修房了。"由于魏夫人的再三辞谢，工匠们只得回去了。

唐贞观十七年，魏征病重，起不了床，唐太宗派出太医去为他治疗。谁知，太医到魏家一看，简直不敢相信这就是魏征的家。魏征盖的被子又破又旧，根本御不了寒。太医回来，据实向皇上禀告，太宗立即派人给魏征送去了丝棉被。谁知，这回魏夫人又出来挡驾了。她说："他也用惯了布褥，没有必要添加丝棉被，请皇上见谅。"就这样，魏夫人常年辅佐魏征料理家事，而没有后悔嫁给这样一个清贫的丈夫。

魏征64岁那年去世了。唐太宗听到噩耗后，非常伤心。他想：这样一个好臣子，理应受到表彰，于是下令举行盛大的葬礼。这时，又是魏夫人出来讲话了。她说："魏征一生俭朴，葬礼排场太大，与他平生志愿有违。"唐太宗最终拗不过魏夫人，细细想来，她所说的也在情理，于是，唐太宗只得为魏征举行了一个非常简单的葬礼。

葬礼结束以后，魏征夫人裴氏也没有去住皇上给她盖的新房子，她依旧与儿子住在原先的老房子里，过着清贫而宁静的生活。

正直做人，第一要坚守的就是道德底线，这一底线是做人的基本准则。正直的人容易被人信任，正直的人行为可预测，容易得到各方的信任。心底无私天地宽，正直乃君子所为。倘若己不正，何以正人？人要想学会"处世"与"做人"，就要正直己身，以德服人。立身不忘做人之本，立业不忘故土之情，成名不忘报恩之德。坚信自己只要一如既往地堂堂正正做人，踏踏实实做事，就一定能够成就一番事业。

宋代文学家和诗人苏轼，一生在宦海沉浮，他并没有因人生坎坷而消极悲观，在逆境中随缘自适、旷达豪放，仍保持积极向上的人生态度，坦然面对生活中的一切风云。

厚道之人，待人坦诚。春秋时期的鲍叔牙，曾与管仲同市，即一起做买卖，结果，每次管仲拿的钱都比他多。旁人感不忿，纷纷提醒他注意。可他却说："你们不明白，管仲的家境不好，他有老母亲要奉养，多拿一些是应该的。"而管仲亦没有辜负他，此后，两人之间的友情更加深厚，最终留下了"管鲍之交"的美谈。

生活中有些人喜好阴谋诡计，机关算尽，却不知心机越复杂，漏洞也就越多，反倒是厚道之人，不耍心机，自然也没有漏洞，仿佛庄子笔下的"混沌"一般，以无招胜有招。

如果一个人老是爱说瞎话，对待家人和朋友不厚道，那么，一旦大家揭穿他的真面目，今后他周围的人又有谁会相信他呢？这种人不仅不聪明，反而非常愚蠢。厚道待人不仅是修养，也决定着个人的幸福。

自满招损，谦虚受益

我国古代著名大思想家、教育家孔子是一位学识渊博的先贤，但是，他为人却十分谦虚。他在周游列国时，曾遇到一个七岁的孩子，孩子要他回答两个问题，第一个问题是：鹅的叫声为什么大？孔子回答道：鹅的脖子长，所以叫声大。孩子说：青蛙的脖子很短，为什么叫声也很大呢？孔子无言以对。他满脸惭愧地对学生说："我不如他，他可以做我的老师啊！"

《两小儿辩日》一文也能反映出孔子的谦逊。

一次，孔子在路上遇到两个小孩正争论不休，孔子问他们争论什么。

一个小孩说："我认为太阳刚出来时离人比较近，而到了中午，太阳就离我们远了。"另一个小孩却认为太阳刚出来时离人远，而中午时离人近。

第一个小孩的理由是太阳刚出来时大，而到了中午时小，因此，他由远者小、近者大得出自己的结论。另一个小孩则认为太阳刚出来时凉，中午时热，就由远者凉、近者热得出自己的结论。当他们请孔子判定是非时，却难住了孔子。孔子谦虚地承认自己不能判断谁是谁非。

可见，学无止境，即使是圣人，也有许多不懂的地方，何况我们普通人呢？因此，任何人都不该骄傲自满，“谦虚使人进步，骄傲使人落后”就是这个道理。

谦虚谨慎是我们中华民族的传统美德。不论取得多大的成绩，我们都不能骄傲自满，而要虚心听取别人的意见，不断努力，逐渐完善自己。谦虚是智慧的源头，而骄傲自满会阻碍我们的进步。

有这样一则寓言：

有一个泥塑的人偶和一个木雕的人偶，泥偶和木偶曾有一段朝夕相处的经历。时间一长，木偶渐渐看不起泥偶，总想找机会讥笑它。

一天，木偶带着嘲笑的口吻对泥偶说：“你原本是淄水西岸的泥土，别看你现在有模有样，神气十足，等八月一到，大雨哗哗下，淄水一下子猛涨起来，你很快就会被水泡成一堆稀泥了。”

泥偶并不在意，它以十分严肃的口吻对木偶说：“谢谢您的关心。不过，事情并不像你所说的那样可怕。既然我是用淄水西岸的泥土捏成的泥人，即使被水冲得面目全非，变成了一堆稀泥，也仅仅是还原了我本来的面目，回到淄水西岸罢了。而你倒是要仔细地想一想，你本来是东方的一块桃木，后来被雕成了人。一旦到了八月，大雨倾盆而下，淄水猛涨，波浪滚滚的河水将把你冲走。那时，你只能随波逐流，不知会漂泊到什么地方。老兄，你还是多为自己的命运操操心吧！”

这则寓言告诉我们，那些自以为高人一等的“聪明人”在嘲笑别人的时候，应该多想想自己的不足之处。只有这样，他们才能够保持谦虚谨慎，进步得快一些。

众所周知，爱因斯坦是德国伟大的物理学家，他对当代科学的发展做出了巨大的贡献，被人们誉为“20世纪的哥白尼”“20世纪的牛顿”。

在一次专门为他举办的宴会上，很多人都赞美他，但是他却谦虚地说：“如果我相信你们对我说的好听的话都是真话，那我就是一个大疯子。正因为我不是疯子，所以才不相信。”

1952年，以色列提请爱因斯坦做总统候选人。面对前来劝说他的大使，爱因斯坦笑着说：“关于自然，我确实了解一点儿，关于我，我几乎一点儿也不了解。试问，我这样的人，又怎么有资格担任总统呢？”

大使不愿放弃，继续争取道：“您不要这么谦虚，要知道，每个以色列公民，全世界每个犹太人都在期待您呢！”

听了大使的话，爱因斯坦严肃地回答道：“那我要怎么办？我会让他们失望的。”事后，他干脆在报上发表声明，正式谢绝。

爱因斯坦说：“如果有谁标榜自己为真理和知识的裁判

官，他就会被神的笑声所覆灭。所以，即使你已经取得了很大的成功，也决不能自满，千万不要生活在过去的荣耀之中。”

后来，爱因斯坦接受了普林斯顿大学的聘书。去学校上班的第一天，行政助理问他需要什么设备，爱因斯坦的回答很有趣：“我需要一张桌子、一把椅子、纸和粉笔。哦！对了，我还要一个大的纸篓，越大越好，因为只有这样，我才能把我所有的错误丢进去。”

爱因斯坦的优点之一，就是他能够正视自己，接受自己也会犯错的现实。“我立下一条规矩，”爱因斯坦说，“不准自己太武断，我甚至不准自己在文字或语言上有太肯定的意见表达，比如不用‘当然’‘无疑’等等，而改用‘我想’‘我假设’‘我想一件事该这样或那样’或‘目前，我看来是如此’。当别人陈述一件事而我不以为然时，我决不立刻驳斥他或立即指正他的错误。我会在回答的时候，表示在某些条件和情况下，他的意见没有错，但在目前这件事上，看来好像稍有两样等等。我很快就领会到我这种改变态度的收获：凡是我参与的谈话，气氛都融洽得多了。我以谦虚的态度来表达自己的意见，不但容易被接受，更减少了一些冲突。我发现自己有错时，也没有什么难堪的场面。而我自己碰巧是对的时候，更能使对方不固执己见而赞同我。”

由此观之，谦虚才是人们不断完善自我的重要保证，同时也是赢得人心的必备条件。我们只有学会谦虚，才能不断进步，才能赢得他人的好感，才能取得重大成就。

仁善是一切美德的根本

《道德经》有云："上善若水，水善利万物而不争，此乃谦下之德也；故江海所以能为百谷王者，以其善下之，则能为百谷王。天下莫柔弱于水，而攻坚强者莫之能胜，此乃柔德；故柔之胜刚，弱之胜强坚。因其无有，故能入于无之间，由此可知不言之教、无为之益也。"

老子认为，最善良的人应该像水一样造福万物，滋养万物，却不与万物争高下，这才是最为谦虚的美德。而真正的仁善也是一切美德的根本，更是我们人心的归宿。

在美国西部的一个小镇上，有一天晚上，狂风呼啸，大雪纷飞，寒冷的冬天就这么不期而至。鲁兹太太开始费力地关店门，自从丈夫去世后，她独自经营这家零售店已经十来年了。

就在这时，有个年轻人急急忙忙地闯了进来，他递给鲁兹太太50美元，说想要一份热狗和一杯牛奶。在接过钞票的一瞬间，凭着多年的经验，鲁兹太太很快就断定那是一张假钞，在黑市仅仅花5美元就可以搞到。

按捺住内心的不悦，鲁兹太太迅速地瞟了年轻人一眼，只见他低垂着脑袋，衣衫褴褛，神情疲惫，活像街边要饭的流浪汉。

“能换一张吗？或是你给我零钱也行。”鲁兹太太不动声色地问道。

出乎她意料的是，年轻人慌乱起来，脸上还泛起了羞涩的红晕，他把头垂得很低，嗫嚅了半天才说：“没有，太太，我只有几美分，我……我很想要一份热狗，我一整天没有吃东西了。”

年轻人窘迫的模样，让本就善良的鲁兹太太对他生出了几分怜爱之心，她心想，这是一个还没有完全丧失羞耻感的孩子，自己不应该当面训斥他用假钞买食物，或许给他一份热狗和牛奶，更能温暖他那落魄而又可怜的灵魂。

想到这儿，鲁兹太太不再迟疑，她先是给年轻人递去热狗和牛奶，然后再给他找了零钱。就在年轻人即将转身离去的时候，鲁兹太太突然大叫一声，手捂着胸口，踉跄了几步。

年轻人吓坏了，他赶紧走上前去扶着鲁兹太太。“快！”鲁兹太太一边说，一边把那50元的假钞硬塞到年轻人手里，“你赶紧到盛大诊所买药，就说鲁兹太太病了。”

年轻人走后，鲁兹太太麻利地抓起电话，打到那个诊所，那是她弟弟开办的。鲁兹太太在电话里说：“如果有个年轻人来给我买药，给他三四十美元的药好了，另外，他手里有一张50美元的假钞。”如果他是个善良且富有爱心和责任感的孩子，他就一定会回来，鲁兹太太默默地祷告着，她真的不希望他“走”得太远。

一会儿，诊所的电话打过来了，弟弟告诉鲁兹太太，年轻人已经拿着药走了，没有用假钞。

放下电话后，鲁兹太太长吁了一口气，她庆幸自己没有看走眼，这个孩子总算没有辜负她的期望和苦心。就这样，在那个下着大雪的夜晚，年轻人始终不离左右地陪伴着“病中”的鲁兹太太。天亮以后，鲁兹太太为了感谢年轻人“救”了自己，竭力挽留要离开的他，恳求他帮自己照看几天零售店。

几天过去了，几年也过去了，那个小零售店变成了小超市，年轻人也一直陪伴着鲁兹太太，走完了她生命的最后一程。随着小超市的发展，那个年轻人的名字也渐渐被人熟知，他就是在美国靠零售业发迹的怀特先生。

鲁兹太太临终时说：“善良让我们彼此都找到了灵魂的归宿，互惠共生。”可怀特心里很清楚，如果不是鲁兹太太那充满善意的谎言，他日后的人生必将残酷如那晚寒冷的冰雪。

金庸武侠小说《神雕英雄传》中的郭靖，他原是一位普通人家的孩子，他的优点就是他有一颗善良的心。在面对窝阔台的皮鞭与恐吓时，他舍命救了哲别——因为善良，他成了这位神箭手的徒弟，这是很多人求之不得的事；随后，他又在豹口之中救出了成吉思汗的女儿华筝；当铁木真被重兵包围时，又是郭靖拼命相救，铁木真方才化险为夷——他用善良换得自己成为金刀驸马；为救两只小雕，他一箭射三雕——他用善良博得了“射雕英雄”的美名，这使他一夜成名。

孔曰成仁，孟曰取义，是为仁义，孔孟的仁义追求，直至今日，仍熠熠生辉，它是我们的精神基因。中华民族历来尊崇“仁”“善”。“君子抱仁义，不惧天地倾”“积善之家，必有余庆”“善为至宝，一生用之不尽”……而在这些名言的背后，更是无数前人的仁心善举。

修身养德，善念存于心

刘备在遗诏中说："勿以善小而不为，勿以恶小而为之。"善事再小，聚少成多，也能变成福报；恶事再小，聚少成多，也能成为业障。只要我们活在这个世界上，我们就应当保持善良，努力去帮助别人，努力多做一些好事，只有这样，我们才能赢得更多人的尊重、喜爱和信赖，我们的人生之路才会越走越顺畅。

一天，沙弥净空跟着德能法师进城化缘。城里车水马龙，净空说："师父，今天我们肯定能化到不少东西。"德能法师不语。净空刚说完，有人从一间店里扔出一个玻璃酒瓶。

德能法师停下了脚步，并弯腰捡起了玻璃碎片。净空不解地问道："多管闲事干什么？反正我们不经常到城里来，玻璃又扎不到我们，我们还是赶紧去化缘吧。"

德能法师指着不远处向他们走来的一个人说："看见了吧，他拄着拐杖，走在盲道上，万一被玻璃扎到怎么办？这大街上人来人往，碎片很容易扎破车轮，还有许多人穿着凉鞋，不小心踩在上面，会伤着脚的。”

净空对师父的善举油然起敬。他们将玻璃碎片全部捡起来，倒进垃圾桶里，然后开始化缘。在一家店铺门口化缘时，店老板一脸的不屑，略带嘲讽地骂他们：“像你们这样穿个和尚服，骗人钱财的，我遇到太多了，你以为穿个‘马甲’，我就不知道你们行骗了？还没开张就来要钱，晦气，真晦气。滚开，滚开，赶紧消失，不要影响我做生意。”

面对无理的指责谩骂，净空准备和店老板理论，德能法师拉住了他，说：“施主，息怒。对不起，打扰了。祝你生意兴隆，广结善缘。”

他们刚准备离开，附近的一个店主人走过来，对刚才无理的店主说：“他们肯定不是骗人的，因为我刚才看见他们扶着盲人过街，而且还把地上的玻璃碎片捡到垃圾桶里。如此心存善念的人，怎么会骗人呢？”说完，他主动给师徒两人送上一份心意，并热情地祝他们一路平安。师徒两人微笑着鞠躬，表示谢意。

净空说：“师父，世上还是有好人相信我们。”师父说：“记住，我们所说出的话，做出的善举，就是自己所修的路。心存无边善念，路不会断头；手付举手之劳，缘不会尽头。总会有人扶你一把。”

《道德经》中讲了许多道德修身的问题，书中说：“含德之厚者，比于赤子。”意思是说，德行高尚的人，好比初生婴儿一样纯洁。可能有很多人不明白老子为什么这样比喻德行高的人，在老子看来，良好的德行能够清除一个人心灵的垃圾，去除人内心的邪念。

小胜靠智慧，通赢凭品德

废除黑奴制度的美国总统林肯曾说过这样一段话：“品格如同树木，名声如同树荫。我们常常考虑的是树荫，却不知树木才是根本。”他的意思很明白，与品格相比，名声是附属品，品格才是根本。

现在，我们也常听人说，做人要厚道。古籍中所说的“大丈夫处其厚，不居其薄；处其实，不居其华，故去彼取此”，其实就是指这一点，一个厚道的人，才能算得上是正人君子。诚然，聪明也很重要，一个人可以靠聪明赢得一时，但要想获得长久的成功，必须靠做人的态度。

思坦因曼思是德国的一位工程技术人员，因为国内经济不景气，他不远千里来到美国。他幸运地得到一家小工厂老板的看重，聘用他担任生产机器马达的技术人员。

1923年，美国福特公司有一台马达坏了，公司所有的工程技术人员都未能修好。正在焦急万分的时候，有人推荐了思坦因曼思，福特公司就派人请他来。

他来之后，什么也没做，只是要了一张席子铺在电机旁，然后聚精会神地在电机旁听了三天，然后又要了梯子，爬上爬下忙了多时，最后，他在电机的一个部位用粉笔画了一道线，写上“这儿的线圈多绕了16圈”几个字。

福特公司的技术人员按照思坦因曼思的建议，拆开电机，把多余的16圈线取走，再开机，电机正常运转了。

福特公司总裁福特先生得知这件事后，对这位德国技术员十分欣赏，先是给了他一万美元的酬金，然后又邀请思坦因曼思加盟福特公司。但思坦因曼思却向福特先生说，他不能离开那家小工厂，因为那家小工厂的老板在他最困难的时候帮助了他。

福特先生先是觉得遗憾万分，继而又感慨不已。福特公司在美国是实力雄厚的大公司，人们都以进福特公司为荣，而思坦因曼思却放弃了这样的机会。

不久，福特先生做出一个决定，收购思坦因曼思所在的那家小工厂。董事会的成员都觉得不可思议，这样的一家小工厂，怎么会进入福特先生的视野？福特先生说：“因为那里有思坦因曼思。”

从这个故事中我们可以看出，一个人品好的人，在哪里都是受欢迎的。而那些智商极高的人，如果他没有良好的人品，那么，他也令人厌恶。那些自以为是的人，且不说他会因为自负得罪人，头脑中过于复杂的思考，也会让他没有将精力去用于正道。而品德优秀的人总是老老实实地做人，而这样的人，迟早有一天会等来自己的机会。

不满16岁的他在一家规模不大的餐馆做服务生，他之所以能够坚持下来，完全是因为一场变故让他失去了曾经富庶无比的家园。饿肚子是大事情，没有多少力气的他只能如此。好在他是个勤快好学且不计报酬的孩子，这使得老板很快就喜欢上了他。为了让他学好英语，更方便与客人交流，老板甚至把他带到家里，让他跟自己的几个孩子一起玩耍。

一天，老板告诉他，一家食品公司正在招聘营销人员，而自己跟那里的经理关系不错，如果他喜欢，自己可以帮忙引荐一下。就这样，他顺理成章地进入了那家大公司，负责推销和送货。

上班的前一天晚上，父亲把他叫到跟前："我们的祖辈之所以能够成就那么大的家业，全得益于一个遗训，叫'日行一善'。我希望你在外面闯荡的时候，也能够时刻记住这四个字。"

他没有辜负父亲的期望，当给各商店送燕麦片时，他总是不忘帮店主捎一封信给别人，或者让放学的孩子顺便搭一下他的便车。而且，他是微笑着做这一切的。

五年后，他接到总部的通知，他将被派往墨西哥，管理整个拉丁美洲的营销业务。因为在过去的几年中，他一个人的推销量占到了佛罗里达州总销量的40%，公司由此认定他是个能力非凡的人。

到了派驻地以后，"日行一善"又帮助他成功打开了拉丁美洲的市场。1999年，他被召回了美国，因为总部有个适合他的职位空缺——年薪740万美元的首席执行官。

这个人就是卡罗斯·古铁雷斯。也许你觉得这几个字有点眼熟，没错，无论在美国还是在全世界，这个名字都被当成"奇迹"的代名词广泛传播着——当他被美国猎头公司列入可口可乐、高露洁等数家国际大公司的首席执行官候选人时，美国总统布什在竞选连任成功后宣布，提名他当自己的商务部部长。

这个故事告诉我们：一个人若想改变命运，不用想着去做一番惊天动地的大事情，只要平时多做一些善事，真心帮助别人，那最后必然会给自己带来莫大的福报。

在人际交往中，我们必须要"攒人品"。因为只有人品好，我们才能赢得他人的认可和欣赏。所以，与人交往，我们千万不要本末倒置，将技巧凌驾于人品之上。要知道，人品就是实力，有了人品，就有了友谊。

第三章　彬彬有礼，展现儒雅风度

古人云：“礼者，敬人也。”礼节是交往的艺术。得体的礼节，既发自人性之自然，也合于人生之需，是人际和谐的基础。在现代社会，礼节的作用更不容忽视，人与人之间的情感交流，事与事之间的秩序维系，都离不开礼节。

精心装扮，是对他人的尊重

我们经常会听到有人说“某某真有气场”，说话人还带着一脸崇拜钦佩的表情。“气场”是个比较抽象的名词，全靠个人感觉。但我们说它抽象，也并非完全无据可依。假如对方衣衫不整、蓬头垢面，那么，还会有人说他有气场吗？

衣、食、住、行，这些与我们日常生活联系最紧密的事情中，穿衣打扮首当其冲，可见穿着对人们的重要性。大文豪郭沫若曾经说过：“衣服是文化的象征，衣服是思想的形象。”由此，我们不难看出，穿衣打扮直接关乎一个人的内在形象，也能体现出你对他人的尊重。

《弟子规》中有这样一句话：衣贵洁，不贵华；上循分，下称家。意思是穿衣服可贵的是整洁干净，不要在乎衣服是否华丽；要分场合和身份，也要符合自己家庭的情况。

我们的邻居日本可以算得上是全世界最注重服饰文化的国家。日本人平时穿着得体的便装，上班时必定是西装革履，每逢节日又会换上民族服装——和服。根据社会学家的研究，日本人的这种服饰文化正是代表着这个民族的品性：严谨、讲究秩序。

日本著名企业家松下幸之助曾经讲过这样一个故事。

有一次，一位年轻人来松下集团应聘，当人力资源部的人在面试那位年轻人时，松下幸之助就一直在旁边默默观察着应聘者。

半个小时的谈话下来，人事部的主管很是满意，最后，他问这个年轻人一个问题："你的期望年薪是多少？"

年轻人不紧不慢地回答道："1000万日元。"

人事部主管点了点头，因为在他看来，这样一个有经验、有能力的年轻人提出1000万日元的薪资期望也并非过分，人事部主管决定先让年轻人回去等消息，他则试探着问松下幸之助："松下先生，你看这个年轻人怎么样？"

主管本以为松下幸之助会同意录用这个人，毕竟，这样的人才不可多得，但是，松下幸之助的回答却是："让他另谋高就吧。"

"为什么？"主管很是不解地问。

松下幸之助缓缓说道："不知道你们刚才注意到没有，这个年轻人身上的领带又脏又皱，而且戴领带的方式也错了，一个想拿1000万日元年薪的人就应该有一条配得上自己的领带，他戴着的这条领带反映出他这个人对应聘没有重视，这说明他对我们公司也没有足够的重视。而且，这个人很有可能是个在工作上不尽心尽力做到最好的人，这种人才对我们公司非但没有什么作用，而且很有可能会造成损害。"

我们说“精心打扮”，并不是指浓妆艳抹或者是过度粉饰，而是指我们应当要让自己保持整洁干净，在某些场合，还应当让自己的穿着兼具一定的仪式感。这种仪式感对自己而言是一种自爱，对别人而言，则是一种尊重。

更为重要的是，一个打扮得体的人，往往能够获得更好的“首因效应”。所谓的首因效应是指，第一次与人接触时，给别人留下的印象。心理学研究发现，第一印象形成是非常短暂的，往往只有几秒或几十秒的时间，就在一眨眼的工夫，人们就已经对你“盖棺定论”了。“首因效应”提醒我们，人会根据第一次见面时你的服饰、发型、手势、声调、语言等自我表达方式在审视、评判你，因此来决定你在他心里的位置。

20世纪90年代初，张正清正在北美一所大学攻读硕士学位，还有不到一年时间就毕业了。随着毕业的临近，张正清的就业压力越来越大，因为当时正逢经济萧条时期。

张正清一贯注重个人形象。每次出门前，她总是按照场合的不同对自己进行精心地装扮，她非常注重给人留下良好的第一印象。

在一次专业的学术会议中，张正清保持着一贯的典雅。在会议上，她举止大方，脸上时时不失微笑。张正清的表现给一位跨国公司的老总留下了深刻的印象，这位政治家出身、实力强大的老总回去后，随即让人事部门接触张正清，问她能不能在毕业后到他旗下的美国分公司工作。当然，他会付给张正清博士生的工资待遇和广阔的升职空间。

对于这样的好事，张正清当然乐于接受。就这样，还没有毕业的张正清就被一家大公司给“预定”了。正因为给别人留下了良好的第一印象，张正清打开了自己事业的大门。

一个人想要在职场中立足，就必须认识到自我形象的重要性。有些朋友总以性格原因来解释自己在职场中的随性和散漫，动辄说自己性格随意、平易近人，并以此为借口解释自己在职场穿着上的不讲究。其实，这都是一种自我要求不严格的体现。我国传统文化中有大量关于“服饰礼仪”的典籍，哪怕是皇帝这样的“九五之尊”，在什么场合穿什么样的衣服都有明确的标准。

当然，现在我们并不是提倡繁文缛节的服饰礼仪，也不是提倡大家要穿名牌、戴华表，但正如《弟子规》中所说的，“衣贵洁，不贵华；上循分，下称家”，只要穿得整洁得体，我们就能够展示出自己的魅力，让我们在他人面前获取更好的“首因效应”。

有礼有节，再熟也要讲礼节

自古以来，我国就极为重视礼仪，世称“礼仪之邦”。荀子是我国先秦诸子中杰出的思想家，他“隆礼重法”的思想开儒法合流之先河，影响极为深远。他说：“礼者，人道之极也。”他把礼看作做人的根本目的和最高理想，把识礼、循礼与否作为衡量人的贤愚和高低贵贱的尺度。他强调：“人无礼则不生，事无礼则不成，国无礼则不宁。”

对一个人来说，他的思想道德水平及文化修养都表现在礼节上。对一个社会来说，礼仪是社会文明程度和道德风尚的反应，也正因为如此，国家时刻都在强调“礼”的重要性，并将其作为治国理念之一。

人们通过观察你的言行举止来决定对待你的方式和态度。换句话说，一个人的礼仪就像名片上的头衔，它决定着别人是否会尊重你。一个有修养的人，他随时都会注意自己的言行举止，他们不会因为失礼而影响自己在公众面前的形象。所以，在教给孩子文化知识的同时，还要教他礼仪方面的知识，有一个良好社交礼仪的孩子，在他融入社会以后，无论身处什么场合，他都会被人尊重、被人欢迎，他就像一块磁石，能吸引很多人围绕在他的周围。

但是，生活中有许多人，他们学历越高，却完全不懂礼数。他们尽管有很高的文化水平，却不善言谈和交际。

还有人存在另一种误区，他们认为，只有在与陌生人、不熟悉的人交往时才需要讲究礼仪，而与家人、朋友之间则不必讲究那么多。其实不然。我们应当要明白，即使是自己的家人、朋友，我们也应该讲究礼节。不要把熟悉当成是自己忽略礼节的理由。有时候，越是熟悉的人，越应该对他讲礼，这样才能巩固双方的关系。

浩东大学毕业后就去了深圳工作，凭着自己的努力，他找到了一份不错的工作。新入职的公司要他的档案，可浩东却发现，毕业时走得匆忙，档案还在学校里寄存着，而学校又把他的档案放进了当地的人才中心。

浩东本想回去一趟，奈何深圳离母校太远，回去一趟没摸清楚情况不说，来回还得耽误时间。没办法，浩东就找曾经的室友李星帮忙。

浩东跟李星是大学里最好的朋友，两人性格相投、兴趣相近，所以他俩关系特别好。毕业后，浩东去了深圳，李星留在学校所在的城市，两人忙着工作的事，有些时间没有联系了。

面对浩东的请求，李星却是二话没说就同意了，他让浩东将需要的材料从深圳寄来，自己利用下班和午休的时间跑了两趟人才市场，把浩东的档案材料给他转了过去。

事情解决后，浩东很是感激。他不但说了几次“谢谢兄弟”这样的话，还给李星买了个电子阅读器。

李星却有些不好意思，同学之间，这点事是应该的，何必见外呢？

可浩东却说：“老兄，我不光耽误了你的时间，也让你平白无故地多出了车马费，这个礼物就权当是我对你的感谢。”

见浩东态度坚决，李星也不好推辞，他愉快地接受了浩东的礼物。在这之后，他们又开始频繁交流起来。后来二人也有互相麻烦的时候，但每一次双方都非常客气，这不但没有让他们见外，反而令他们的关系更加亲密。

没错，对熟悉的人讲礼并不是为了什么仪式感，而是让对方感受到我们的认同和尊重。无论是对家人和朋友，我们都需要给予他们尊重。那些认为熟人之间不必客气的人忽略的也正是这一点。当你不客气的时候，对方无法从你这里得到感情回馈，如此一来，双方的关系难免会出现裂痕。

当然，熟人与陌生人仍有不同之处，熟人之间的确不需要繁文缛节，但我们要时刻谨记，熟人之间也需要讲“礼”。为什么我们用“相敬如宾”来形容夫妻关系融洽，难道不是因为“礼”的存在吗？

懂礼、知礼、讲礼，这是我们作为一个成年人必须要学会的。面对熟人，不要做出无礼的行为来，只有这样，你们的关系才有可能一直好下去。否则，再好的关系，也会被一次次的无礼透支，直到归零。

人不可貌相，水不可斗量

中国有句古话，人不可貌相，海水不可斗量。这句话告诉我们，在人际交往中，不能以貌取人，要注重一个人的真才实学，不然，我们就可能失去真正的朋友。

当然，这句话还有另外一层更深刻的意思，一个彬彬有礼的人一定不会以貌取人，因为山外有山，人外有人。

晏子是齐国的名相，他五短身材，其貌不扬，看起来样子有点猥琐。可是，他有一个车夫却长得特别帅，个子高高的，相貌堂堂。这个车夫很有意思，他觉得自己给齐国的宰相驾车很风光。而且，他觉得自己的位置很好：每天坐在车前面，驾着高头大马，而晏子却只能在车棚里面坐着。他觉得车夫这个职业真是太好了！

有一天，车夫回到家里，发现自己的夫人正哭哭啼啼地收拾东西要回娘家。他吃惊地问道：“你要干什么？”他夫人说：“我实在忍受不了了，我要离开你。我觉得跟你在一起挺耻辱的。”车夫大惊，“你不觉得我很风光吗？”他夫人说：

“你以为什么叫风光？像人家晏婴那样身负治世之才，却如此谦恭，坐在车里毫不张扬；而你不过就是一个车夫而已，却觉得自己风光无限，趾高气扬全在脸上！你整天跟晏婴这样的人在一起，却不能从他身上学到一点东西来反省自己，这使我对你很绝望。跟你生活就是我人生最大的耻辱了。”

后来，这个事情传扬出来，晏婴对这个车夫说：“就冲你有这样的夫人，我就应该给你一个更好的职位。”

这个故事告诉我们，我们的周围有很多人，他们的生活方式和他们的处世态度，都可以成为我们的镜子。如果以貌取人，只会让你丢失许多原本可以到手的机会。

艾比霍利德早年从事房地产推销工作，后来创办了自己的房地产经纪人公司——艾比霍利德公司。该公司1993年的销售额超过12.5亿美元，在达拉斯地区有900名代理人、19家办事处。

20世纪50年代，艾比霍利德替霍·安德逊推销房子。霍·安德逊是达拉斯的建筑商，当时正在开发五月鲜花房地产工程。霍·安德所做的是前人从未做过的事，他冒险投资建造价值10万美元一套的房子，而关键的问题在于他还没有一位确定的买家。在那时，没有人敢这么冒险来投资建造这么高级的房子，除非事先有人买。这项冒险如此奇特，以至于《华尔街日报》专辟一版来介绍五月鲜花房地产工程。

一天，艾比霍利德正在等一位客户，霍·安德逊停车同他打招呼。过了一会儿，一辆汽车开了进来，从车上下来一对年纪较大、不修边幅的夫妇，他们径直朝门口走来。当艾比霍利德与他们热情地打招呼时，瞥见霍·安德逊正摇着头对他做鬼脸，明显是在说："不要把时间浪费在他们身上。"

可艾比霍利德对任何一位客户都很礼貌，他热情地接待了这对夫妇，就像对待其他潜在买家一样彬彬有礼。艾比霍利德之所以这样做，是因为他坚信，一名优秀的推销员应该随时随地优化自身的形象，注意自己的言行举止，牢记自己的工作职责。他认为，客户无时不在，无时不有，千万不能以貌取人。

霍·安德逊觉得艾比霍利德是在浪费时间，因此很生气地离开了。既然房子空荡荡的，而且建筑商又走了，艾比霍利德就领他们参观了一下房子。

这对夫妇在看完第四个浴室后，丈夫对妻子感叹道："想一想，一幢房子有四个浴室！"然后转身对艾比霍尔德说，"这么多年来，我们一直梦想拥有一栋有一个以上浴室的房子。"艾比霍尔德还注意到那位妻子眼含泪水看着丈夫，而且还温柔地握着他的手。

之后，这对夫妇参观完房子后，丈夫彬彬有礼地要求道："让我们私下里聊几分钟好吗？"

"当然可以。"艾比霍尔德答道，然后朝厨房走去，以便让他们俩单独待在卧室里。

几分钟后，丈夫出来了，他问道："艾比霍尔德先生，你说这房子售价是10万美元？"说完，他的脸上露出一丝微笑，然后，他从上衣的口袋里掏出一个大信封，数了10万美元现金出来。

原来，这位丈夫是达拉斯旅店里的服务员领班之一，他们许多年来一直过着拮据的生活，就这样把小费存起来，最终得偿所愿拥有了一栋带一个浴室以上的房子。

有很多人在社交中往往凭一己之见或对某些人第一印象不佳而轻视他们，这其实是建立融洽人际关系的大忌，对人际关系影响至深。

当你轻视别人的时候，你会在不经意中把这种轻视表现出来，慢慢地别人同样会轻视你。在被你轻视的人当中，极有可能出现日后决定你命运的关键性人物。所以，尊重和善待每个人，就是尊重和善待我们自己。

我们在与他人交往的过程中，应该平等对待每一个人，不因对方的名声、职位、身份、地位而异，我们看重的不能只是这样外在的东西，而应看重一个人的内涵和人品。不要轻视任何人，每个人都有他的优点和特长，说不定你的弱项正是他们的强项，说不定关键时刻给你帮助最大的就是你平时看来最不起眼的朋友。

不计人过，方得完人

生活中，有一些人很直爽，凡事爱说真话，而且有点得理不饶人。对这样的人，我们往往会说他们“太较真”。其实，认真本是一个优点，但较真却是一个缺点。较真的人往往眼里容不得一点沙子，对别人的错误不包容，这也导致他们看起来非常难以相处。

大部分的人，一陷身于争斗的漩涡，便不由自主地焦躁起来。一方面为了面子，一方面为了利益，因此一得了“理”，便不饶人，非逼得对方彻底服软不可。然而，“得理不饶人”虽然让你吹着胜利的号角，但这也是下次争斗的前奏。所谓“得饶人处且饶人”，就是放对方一条生路，让他有个台阶下，为他留点面子，这不太容易做到，但如果能做到，则对自己好处多多。

古代有个人叫王烈，他器度宽宏，学业精深。他善于教诲，乡里有人偷牛，被牛的主人捉住，偷牛贼请求说：“甘愿受刑被杀，只求不让王烈知道。”王烈听说后让人前去看他，并送给他一匹布。有人询问送布的原因，王烈说："偷牛贼害怕我听到他的过失，表示他还有羞耻心。既然知道羞耻，就能够生出善心。我送给他布，就是鼓励他从善。"后来有一位老人将佩剑丢失在路上，一位行人看到后，便守在旁边。到了傍晚，老人回来，找到了丢失的剑，大为惊奇，便把这件事告诉王烈。王烈派人调查，原来守剑的人就是从前的那个偷牛贼。

雨果曾说过，世界上最宽阔的是海洋，比海洋更宽阔的是天空，比天空更宽阔的是人的胸怀。是的，人的胸怀可以包容一切，正如林则徐所说：海纳百川，有容乃大。

包容如莲，出淤泥而不染；包容如兰，处幽谷而独芳；包容如泉，濯恶浊而清纯。包容像一轮暖阳，给人以希望，即使在白雪皑皑的冬天，也依然会温暖着大地人间；包容如一场春雨，给人以清爽，即使大地污秽，也依然会滋润大地；包容似一把花伞，给人以舒适，倾盆大雨将至，也依然会顶着无情的风吹雨打。生活中的很多事情，你不能较真，不计较，避开风头和锋芒，或反其道而行之，矛盾反而迎刃而解。做事不要太认死理，也不要太较真，这正是有些人生活并不富足却活得潇洒的原因。

人非圣贤，孰能无过。与人相处就要互相谅解，经常以"难得糊涂"自勉，求大同存小异。有度量、能容人，你就会有很多朋友；相反，"明察秋毫"，眼里不容半点沙子，过分挑剔，什么鸡毛蒜皮的小事都要争个是非曲直，人家也会躲你远远的，最后，你只能关起门来"称孤道寡"。

我们固然不能玩世不恭，游戏人生，但也不能太较真、认死理。太认真了，就会对什么都看不惯，连一个朋友都容不下，把自己同社会隔绝开。镜子看上去很平，但在高倍放大镜下，镜面依然凹凸不平；肉眼看起来很干净的东西，拿到显微镜下，满目都是细菌。试想，如果我们“戴”着放大镜、显微镜生活，恐怕连饭都不敢吃了。

俗话说：“饶人不是痴汉。”当双方的争论已到剑拔弩张的时候，占理得势的一方应当有“得饶人处且饶人”的风范，切忌穷追猛打，将对方逼入死胡同。那样不仅不能辩赢对方，反而会扩大矛盾。当然，“饶人”也要讲究语言艺术，这就是力求在无损于双方尊严的情况下达成妥协。要做到这一点，说话方式和说话内容的选择就显得格外重要了。

宽以待人，要有主动“让道”精神，宽容让人。在人际交往中，人们常常因为对信息的意义理解不一，个性、脾气、爱好、要求的不统一，价值观念的差异等，会产生矛盾或冲突，此时，我们应记住一位哲人的话：“航行中有一条公认的规则，操纵灵敏的船应该给不太灵敏的船让道。我认为，这在人与人的关系中也是应遵循的一条规律。”

因此，做一个能理解、容纳他人优点和缺点的人，才会受到他人的欢迎，相反，那些吹毛求疵的人不会拥有亲密的朋友。

宽以待人，要将心比心，推己及人。推己及人，是以自己为标尺，衡量自己的行为举止能否为人所接受，心同此理，将心比心，从而理解他人，体谅他人。

事系幽隐，不嚼舌根

西汉朝廷有个官员叫张敞，比起同时代的男人们，他对待妻子的态度可以说是体贴备至。

其实，在古时候，男人的身份一般都在女人之上，而张敞却愿意主动放低身段，屈尊为自己的妻子画眉，不得不说，这是一件特别难能可贵的事儿。可偏偏有图谋不轨之辈看不惯张敞的行为，觉得为妻子画眉有伤风化，竟向皇帝告了御状，想让皇帝摘下张敞的乌纱帽，以“匡正世风”。

没过多久，汉宣帝就在朝廷中当着很多大臣的面，向张敞问起了这件事。没想到，张敞对此却相当不以为然，他泰然自若地回答道：“闺房之乐，有甚于画眉者。”

这句话的意思就是，夫妇之间，在闺房之中，还有比画眉更过头的玩乐事情，你只要问我国家大事做好没有，我替太太画不画眉，这原本就是我的隐私事儿，你管它干什么？

最后，汉宣帝出于爱惜张敞的才能，并没有因为画眉这事儿责备他，而张敞画眉的典故也因此得以流芳百世，世人皆视其为夫妻恩爱的最佳范例。

从这个小故事中我们可以看到，张敞是多么疼爱自己的妻子，但同时，我们也不应该忽视非常重要的一点，那就是张敞对自己隐私生活的坚决捍卫，哪怕质问他的人是可以决定他的生死存亡以及仕途命运的皇帝，他也没有显露出丝毫的怯懦和退让。

《小窗幽记》中有句话是这么说的：事系幽隐，要思回护他，着不得一点攻讦的念头；人属寒微，要思矜礼他，着不得一点傲睨的气象。意思是，如果知道了某人的私密的事情，要想到回护他，不能有一点借机攻击的念头；对待地位低下的人，要想到尊重他，不能有一丝傲慢的样子。

所谓隐私，就是不愿告诉人或不愿公开的个人的事，这是词典上对隐私的注释。而我理解的隐私，是不愿与他人共享的事情。我认为，不仅个人有隐私，大到国家、集体，各行各业，小到家庭、个人，各有各的隐私。国家的隐私那就是国家机密，行业的隐私那就是行业机密，军事的隐私那就是军事机密等。个体间要想和平共处、融洽相处，那就要保持适当的距离，这个适当的距离就是以看不见他人的隐私为界线，一旦超越这个界限，对方就会对你处处设防，甚至可以以不与你相处为代价。其实，在你伺机窥探他人隐私的同时，他人就已经不能与你相处了。所以，我们要学会尊重别人的隐私。

罗曼·罗兰曾说："每个人的心底都有一座埋葬记忆的小岛，永不向人打开。"所以，很多时候，在未经主人允许的情况下，我们谁也没有资格去打探别人的隐私，这是做人做起码的礼貌。在我看来，尊重他人的隐私，是维系一段关系的必要条件。唯有这样做，我们才能成全对方想要在人们心目中保持一个美好形象的愿望，继而成全我们自己想要获得对方喜爱以及信赖的一片私心。

每个人的心中都有属于自己的隐私，那是神圣不可侵犯、不可碰触、不被他人所知的领域。或许是最浪漫的一角，或许是最伤痛的一角，是至死也不会说出的秘密。而偏偏有些好事者专门以打听他人的隐私为乐趣，自己知道还不够，还到处宣扬，一旦得罪了他，他就用揭露他人隐私的方式来报复，轻者使他人失去工作，重者则使他人失去家庭。这样的人不仅面目可憎，而且损人不利己。遗憾的是，在现实生活中，这样的人却大有人在。

同时，我们还要认识到，不仅在同事之间、朋友之间有隐私，夫妻之间也存在隐私。如果夫妻一方不想说的隐私，另一方坚决不要去问，给对方一个属于他自己的心灵空间。这不仅是相信对方、尊重对方，更是爱对方的表现。而有的夫妻，结婚之后互相猜疑，非要挖出对方所有的过去史才肯罢手，这不仅侵犯了对方的隐私，而且也伤害了彼此的感情。更有甚者，在彼此坦白了曾经的隐私之后，每次吵架的时候，就把对方的隐私当成吵架的利器，无以复加地全盘托出，来攻击、伤害对方，使对方遍体鳞伤，无地自容。久而久之，双方都不再信任对方，导致双方永远无法沟通，以致婚姻破裂，分道扬镳。

可以说，私事是每个人情感的圣地，容不得他人踏足。一个懂礼数的人一定知道界限在哪里，也不会贸然评论。

害人之心不可有，防人之心不可无，要小心保护你的隐私，不要被那些不懂尊重别人隐私的人窥探了去；同时，也要管住自己的好奇心，不要随便窥探他人的隐私。一定要记住，非礼勿视。只有这样，他人才会放下戒心，真诚与你相处；也只有这样，你才能与他人和平共处、融洽相处。

尊重他人的隐私，就是尊重我们自己。尊重他人的隐私不仅是一种美德，也是一种难能可贵的品质。

平易近人，注意日常礼仪的细节

古籍《增广贤文》中有这样一段话：仓廪虚兮岁月乏，子孙愚兮礼义疏。这句话将精神层面的礼仪与物质层面的粮食放在一起，说明礼节对一个人来说何等重要。一个家庭经济拮据，日子可能会很难过；同样，如果这个家庭中的子孙后代都愚蠢无知，不知礼义廉耻，那这个家庭还有什么希望呢？因此，我们不得不强调——人要懂礼讲礼。

礼是规范人们的行为准则，一个社会不能没有行为准则。在当今这个倡导个性的社会，许多人，特别是年轻人缺少礼貌修养，以致产生了许多不和谐之声。因此，要想创建和谐社会，就必须要重视礼节修养，充分发挥这一社会“润滑剂”的功效。

礼在我国传统文化中随处可见：“不学礼，无以立。”“人无礼则不生，事无礼则不成，国无礼则不宁。”“文质彬彬，然后君子。”的确，礼仪是走遍天下的金拐杖，“礼”可以帮你更好地处理你的人际关系，“礼”还可以实现人与人之间互惠互利，知礼、守礼，保持人的正常交往，你才拥有成功的人生。

历史上的成功人士都深谙礼节之道。当年刘备三顾茅庐请诸葛亮出山时，关羽和张飞都对他的低三下四颇有微词，但没过多长时间，二人就对刘备的英明决策佩服不已：若不是刘备如此礼数备至地以诚心打动诸葛亮，诸葛亮怎会死心塌地地为刘备鞠躬尽瘁？若没有诸葛亮这个人才，刘备的霸业怎能完成？

一个不懂得礼节的人，即使个人能力很强，他也得不到上司的认可和团队的支持，这样的人是很难获得成功的。有时，礼貌比知识更重要。

有这样一位应届毕业生。实习期间，他被导师带到北京的国家某部委实验室去参观，这时，有一位秘书给大家倒水，同去的同学们都表情木然，只有他真诚地说："谢谢您，大热天的，辛苦您了！"秘书高兴地看了他一眼，虽然这是很普通的一句客气话，却是她今天唯一听到的一句令她高兴的话。

后来，部长进来和大家打招呼，不知怎么回事，会议室里却静悄悄的，没有一个人回应。他左右看了看，犹豫了一下，带头鼓起了掌，同学们这才稀稀落落地跟着拍手。

部长有点尴尬，最后说："我看同学们好像都没有带笔记本，这样吧，王秘书，请你去拿一些我们部里印的纪念画册，送给同学们作个纪念。"

同学们都坐在那里，很随意地用一只手接过部长递过来的画册，部长的脸色很难看。只有他礼貌地站起来，身体前倾，双手接过画册，恭敬地说了一声："谢谢您！"部长闻听此言，觉得眼前一亮，伸手拍了拍他的肩膀，说："你叫什么名字？"他照实回答了。部长微笑着点头，回到了自己的座位上。早已汗颜的导师看到此景，这才稍微松了一口气。

几个月后，只有他收到了该部委寄来的接收函。有几位填报了分配意向的同学颇为不满地找到了导师，问凭什么选他，导师说："这是人家点名来要他的。其实，你们的机会是一样的。不错，你们的成绩的确比他还要好，但做人要懂得礼貌，这是最起码的要求，他在这方面比你们都要强，你们知道吗？"导师的一席话，说得这些同学低下了头。

这则故事说明，要做好事，先要学会做人。在这个社会上，礼节在某种程度上是一个人在社会上的通行证，如果没有这张通行证，你就有可能到处碰壁。

有个年轻人到外地去办事，他走了很长时间，想知道还有多少路程可到车站，便去问一位在田间耕作的长者："喂！老头，到车站还有多少里路？"长者看了看年轻人，想了一会儿，说："年轻人，到车站还有三'亩'路程。"年轻人一听长者的回答，非常生气地指责长者："你们这个地方的人真没文化，路只有多少里的，哪有讲多少'亩'的。我问的是到车站还有多少'里'路。"长者不急不慢地回答道："年轻人，我们这也是讲多少'里'路程的，只是因为你不讲'礼'，所以，我也无法跟你讲'里'。"年轻人这才明白了长者的意思，赶紧向长者赔礼道歉，这才得到了长者的谅解和帮助。

自古以来，我国就是一个“礼仪之邦”，作为一名炎黄子孙，懂礼讲礼是我们不可或缺的。做一个彬彬有礼的人，我们才能够获得他人和社会更多的认可，也只有这样，我们才能更好地做人做事，才能实现我们人生的价值。

第四章　处世圆融，学习方圆之道

所谓灵活，就是懂得方圆的艺术。方是原则，圆是策略，方外有圆，圆中有方，成大事者的奥秘，正在于方与圆的完美结合。真正的智慧，就是在方圆之间取得恰当的平衡，在生活中做到进退有度。

审时度势，抓住时机

百年机会真难遇，一线光阴更易流。这句话的意思是：机会与时间一样，都是容易流逝的。现实生活中，很多人把自己的不如意归结为自己缺乏机遇，认为自己没能和别人一样成功，只是因为自己缺少好机会。这类人往往相信宿命论。

当然，不可否认，机会的确会影响一个人一生的发展。但是，如果说一个人一生中没遇到过任何机会，那也是很难令人信服的。

其实，人生的最终状态是由我们自己决定的，如果真的有宿命论，那么，是谁来给人定这个命呢？人们愿意去相信宿命论，其实是为了推卸自己的责任。正如著名哲学家彼得·格林教授对“宿命论”的定调：“世事变幻莫测，人也越来越害怕为所做的决定负责。”所以说，相信宿命论是人在遭遇挫折时的一种消极反应，世上从来没有绝对的宿命。

实际上，我们在人生当中会发现各种各样的机会。就如同那句名言一样，“生活中不缺少美，只是缺少发现美的眼睛”，同样，生活中并不缺乏机遇，只是很多人缺乏把握机遇的能力。

19世纪时，美国西部成了淘金圣地。很多人不远万里前往这里，希望能够淘到黄金，实现一夜暴富的美梦。一个叫李维斯的年轻人和他的几个同伴彼得也来到了这里。

在通往淘金地的路上，一条河流挡住了他们的脚步，很多人都滞留在了河的这一边。李维斯很是苦恼，他没想到在踏出第一步时就会遭遇这样的困难。

他的同伴们望着湍急的河水唉声叹气，一位同伴说："看吧，这就是命啊，我们发不了财的。"说完，他和另外一个人便打道回府，放弃了淘金计划。李维斯心中也很是着急，但他并没有就此放弃。他想，既然这么多人都想到河对岸去，我为何不在这里摆渡，将这些淘金的人送到对岸，赚一笔小钱呢！

想做就做，李维斯用身上仅有的一点钱，再加上另外两个有头脑的同伴一起凑的钱，三个人买下了当地人的一条船。由于需要过河的人实在太多，他的生意十分火爆，没过多久，他们就淘到了人生中的第一桶金。

后来，也有人加入到了摆渡的行列当中，李维斯和同伴的生意越来越清淡，于是，他们就同其他人一样，前往淘金目的地继续自己的淘金梦。在买了一些工具之后，李维斯几个又遇到困难了。当地已经有很多淘金者，他们拉帮结派，排斥新人，根本不让李维斯这些新来的淘金者正常工作。这时，一位同伴又打起了退堂鼓，他对李维斯说："伙计们，这里根本就不属于我们，还是走吧。"李维斯不同意，这个同伴便独自打道回府了。

李维斯和最后一个朋友被人赶了很多次之后，渐渐明白，在这种情况下，想靠淘金发财已经是不可能的了。但是，他们又不甘心就这样回去。就在他身上的积蓄快要花光之时，李维斯又找到了一个很好的商机：他注意到西部地区缺水严重，那些淘金的工人都必须要忍受缺水的不便。于是，李维斯决定做“水”的生意。由于“市场”很大，李维斯和朋友的生意很快就又做得红火起来。这也让一些人开始眼红，争相效仿他。其中一部分拉帮结派的人干脆就仗着人多，欺负李维斯，砸烂了他们的水车。

李维斯又一次遭遇危机，他的朋友这时也实在是扛不住了，他对李维斯说：“朋友，我已经坚持到这个份儿上了，还是要承受这些，看来这是上帝对我们的命运已经做好了安排，别反抗了，回去吧。”

李维斯此时也想放弃，但他又实在不甘心，他觉得一定还有机会。于是，这一次他同样没有放弃，在唯一的合伙人走后，他将目标锁定在了淘金人的裤子上。

由于淘金的工作非常辛苦，工人们的裤子很容易就磨破了。李维斯看到了这种情况，又想到了一个挣钱的好主意。他将散落在四周的一些废弃帐篷洗干净，做出了一种非常结实的裤子，这种裤子很受淘金工人的欢迎。很快，这种结实耐用的裤子就风靡整个西部。后来，李维斯不再用厚重的帐篷布作原料，而改用斜纹粗棉布。一时间，这种既美观又实用的裤子开始风靡美国，直至后来传遍全世界。

在千千万万个淘金人当中，李维斯是独特的，那些淘金者消失在了历史长河当中，但李维斯以他从不认命的心态创造出来的成果被世人铭记。

在现实生活中，我们每个人都可能会遭遇困境。在工作、生活中屡屡碰壁之后，有人可能就会认为自己的命运已经是注定的了，永远也无法突破。此时，就算他心中有一个美好而远大的志向，选定了一个自认为适合自己的人生方向，那也是徒劳的。因为宿命论让他否定了自己，这样，他也只能停留在原地。

今天，我们身在一个信息爆炸的时代里，各种信息对我们都非常重要，因为未来的成功者是属于那些知道最多信息的人，所以，你一定要不断地研究信息、分析信息。在这些信息当中，获得一些有用的信息。做事并不需要掌握所有的机遇，如果十个机会你掌握住了一个，你就可以成为成功者。

一般而言，要想干成一番事业，需要具备两个条件，即能力和机遇。能力是每个人通过后天的准备可以拥有的，而机遇却不是随时都有。如果要使自己成为成功者，就应在平时做好准备，时刻准备着，“器藏于身，待时而动”，一旦机遇到来，就可以大显身手。机会只垂青那些有所准备的人。那么，我们该如何审时度势，抓住机遇呢？

首先，我们要独具慧眼。成功的人似乎都有敏锐的直觉和独到的眼光。

机会到处都有，但是，你必须判断哪个对你最为有利、哪个成功的概率最大。每个人的资源有限，你的时间、金钱、精力都有限，你不可能样样都通、样样都做。因此，你必须选择自己最感兴趣、最擅长、最有成功希望的行业去做。

其次，我们要勇于冒险。

成功的人都具有冒险精神。“不入虎穴，焉得虎子”，成功需要胆识。光有才智，而无冒险精神，是不会成功的。

不冒险，无所得。冒险可能会面临失败，但是，不冒险就永远没有成功的成功。只有在不断地尝试中，我们才能获得成功。

最后，我们要懂得见好就收。

掌握成功的机运，要伺机而动。好运来时要攻，坏运来时要守。何时进，何时出，时机的把握对成败影响很大。

沉着冷静，遇事不乱

急躁的人，在遇到问题和麻烦时，往往会自乱阵脚。在为人处事上，急躁的人也容易冲动。冲动行为多是心理不成熟的表现，在成人身上多表现出向外攻击、鲁莽和盲目性，带有明显的情绪色彩。

我国传统文化则提倡“冷静”。所谓“静以修身”，指的就是一个人应该沉着冷静，遇到事情不能自己先乱了阵脚。仔细观察我们身边的人，你会发现，那些能够成就大事的人往往能够掌控自己的情绪，遇事不焦躁。

汽车大王亨利·福特还是一个汽车维修工时，有一次，他刚领了薪水，兴致勃勃地到一家高级餐厅吃饭。却不料，他呆坐了差不多15分钟，却没有服务员过来为他服务。

最后，等餐厅的其他客人都被安置好后，一个服务员才不紧不慢地走到他桌边，不耐烦地将菜单粗鲁地丢到他的桌上，问他是不是要点菜。

亨利·福特刚打开菜单看了几行，耳边传来服务员的话：

“菜单不用看得太详细，你只适合看右边的价格，左边的菜色，你就不必费神去看了！”

亨利·福特惊愕地抬起头来，正好看到服务员脸上满是不屑的表情，似乎在说：我就知道，你这穷小子，也只不过吃得起汉堡。年轻的亨利·福特顿时怒气冲天，一股不可遏制的冲动支配着他，他真想挥拳向这个服务员打去。但转念之间，他又想起自己口袋中那一点点可怜微薄的薪水和因此可能要付出失去工作的代价，因此，不得已，他只好按捺下冲动，只点了一个汉堡。

当时，虽然亨利·福特可以向餐厅投诉这个服务员，但是，亨利·福特并没有那样做。他冷静下来，仔细思考，为什么自己不能点真正想吃的大餐呢？其实不就是因为贫穷吗？因此，亨利·福特当下立志，一定要成为社会中顶尖的人物，从根本上改变自己的命运。

之后，亨利·福特开始向着自己的梦想前进。最终，他由一个平凡的修车工人成为叱咤风云的汽车大王。

如果想有良好的心理素质，就要从日常生活中着手，从小事和细节方面注意改变自己。比如，在个人关系处理方面，要注意大度，不苛求他人。特别是在自己心情郁闷时尤要注意，不能率性而为。另外，听人说话时，一定要等到对方把话说完。哪怕对方言辞激烈，也要听别人把话讲完。这不仅是一种礼貌，更对自己做决定有好处。

无论何时，保持平静的心去与人相处，总是有益处的。

能做到喜怒哀乐不形于色，既不会得罪他人，也有利于保护自己。而且，越是遇到挫折和困难时，越需要尽量保持平和的心态，这样才能维护自身尊严，保持高贵人格。

能够心平气和地看待问题，不仅可以有利于改变自己爱冲动的弱点，而且，你会发现即便自己处在错综复杂的环境中，你也能处处游刃有余。

时来运转，倏忽之间

“运去金成铁，时来铁似金”，这是传统文化中形容命运无常的诗句。意思是，运气差的时候，黄金也会变成烂铁，但你时来运转的时候，生铁也会变成黄金。这句话告诉我们，人不光要有运气，还得有耐心。

的确如此，我们如果急于获得答案，最终可能反而一无所获。就像是对着空谷喊话，也要等一会儿，才会听见绵长的回音。也就是说，生活总会给你答案，但它不会马上把一切都告诉你。

有的时候，当我们遇到困难的时候，只要我们有足够的耐心，就一定能够时来运转。

有一个旅人行走在路上，在一条大河旁，他看到一位婆婆正在为渡水而发愁。已经精疲力竭的他，用尽浑身的力气，帮婆婆渡过了河。结果，过河之后，婆婆什么都没说，就匆匆走了。旅人很后悔自己用尽全力去帮助那位婆婆，结果连句“谢谢”都没有得到。哪知道，几个小时后，就在他寸步难行的时候，一个年轻人追上了他，年轻人说："谢谢你帮助了我的祖母。祖母嘱咐我带些东西来，说你用得着。"年轻人拿出干粮，并把胯下的马也送给了他。

还有一个故事，说的是一个农夫。

这个农夫在二十年前继承了祖上传下来的几亩地。农夫靠着这几亩地养家糊口，与乡邻们过着同样清贫的生活。三年后，由于二十公里外的地方发现了油田，城市热闹起来，经济开始迅速发展。许多外地人涌进来，城市的地盘连年扩张。这位农夫所在的城郊出现了宽阔的大道，一幢幢高楼拔地而起。在这种形势下，城郊的农民们纷纷转让土地，有进城市打工的，有做小买卖的，日子过得比以前富裕多了。但是，这位农夫没有放弃田地，他对妻子说："其他活儿我都不在行，只有种地是我的专长，我希望一直守着它……"

三年转眼过去了，农夫的几亩地渐渐的被住宅楼群包围。他的土地成了楼上人眼中的风景，总有三五成群的人到他的领地上散步、闲聊。这时的农夫已不种粮食，而改种花卉，因为花卉的价钱比粮食高。五年后，这位农夫的土地几乎成了都市里的一座私人花园，而农夫也成了一位优秀的园丁。他种植的花卉由于成本低，价钱相对便宜，且运输方便，简直供不应求。

时至今日，这个农夫已不再是二十年前的那个农夫了，他成为本市一家花卉公司的老板，管理着上百名员工。虽称不上巨富，但比起当年的所有乡邻，他是唯一一位获得真正成功的人。

当然，除了做任何事情都需要有耐心之外，我们还可以从这个故事中得到启发：机会永远属于有准备的人。奥运冠军邱健的故事也同样说明了这个道理。

2008年奥运会之后，许多冠军都出名了，但是，有一个叫邱健的金牌获得者并没有引起太多人的注意。实际上，那个“倒霉蛋”埃蒙斯倒是比他名气大多了。上一届雅典奥运会，当邱健在电视上看到队友贾占波意外夺金时，他还沉浸在选拔赛失利的懊恼中，甚至萌生了退役的念头。四年后的北京，邱健也只是因为贾占波要兼项步枪卧射，才拿到了步枪三姿的奥运入场券。这一切似乎都在为最后的那个大意外做铺垫：当埃蒙斯再次失手，把金牌拱手送到他面前的时候，邱健自己都不敢相信。“这块金牌里，幸运占了大部分，但我的努力也有一小部分功劳吧。”邱健赛后说的这句话，被许多人都当成了笑话。

然而，很多人并不知道，邱健在射击赛场上已经持之以恒地奋斗了18年。在进入国家队的8年间，他改练步枪三姿，却始终没出成绩。幸运固然可遇而不可求，但邱健如果没有良好的心态，也就无法在最后一枪放松心态，逆转对手0.1环。

如果我们没有足够的耐心，那只会让自己步履维艰。一个真正做事的人，一定也是一个有耐心的人，因为他知道，唯有耐心，成功才会到来。

量力而行，不逞一时之勇

在中国古典演义小说中，但凡形容武将性格暴烈，都会用到“急先锋”一词。所谓急先锋，首先说明此人孔武有力，其次，也证明这个人喜欢逞一时之勇。

生活中，也有许多人喜欢逞一时之勇。当今社会是一个高效率、快节奏、强竞争的社会，如果你一直默默无闻，很快就会被贴上庸才的标签而得不到重用。于是，每个人都想表现出自己的才能。如果我们不分场合、不顾时机地过分地表现，这就是老百姓所说的“逞能”。

能力有时候犹如锋芒毕露的宝剑，如果你遇见任何人、任何事都无法克制自己，都想要表现一番，即使不去伤别人，不想害自己，也会使宝剑慢慢变得越来越钝。时机不到，过早暴露自己的锋芒，就不是明智的做法。

而且，那些热衷于逞能的人，即使是碰上自己没有把握的事情，也容易因为过高地估计自己的能力或顾忌面子问题而强行表现。其结果，十有八九是会把事情搞砸。

三国时期，群雄四起。在乱世之下，大家都想当皇帝，又都不敢带头。在这种情况下，第一个出头的人是袁术。

当然，在当时，不论从军事装备上，还是从拥有的人力资源上，袁术的确占了上风。因此，袁术以为只要他一称帝，别人也就无可奈何。可是，在群雄割据、势力相当的情况下，谁挑这个头，谁就会成为众矢之的。在这方面，袁术的政治头脑比不上曹操。

当时，曹操是最有资本称帝的。但是，当孙权力劝他称帝时，他一眼就看穿孙权的鬼心眼，说“金发碧眼的小儿是想把我放在火上烤”。可是，偏偏袁术自大自满，于是，他迫不及待地“跳”出来了。当时，在袁术刚起称帝的念头时，就有不少人劝他不要去抢这顶荆棘编织的皇冠，带上就知道会扎头。可惜，袁术把这些逆耳忠言全都当成了耳边风。

结果，袁术一称帝，曹操、刘备、吕布、孙策四路人马立即举起声讨的大旗。其时正当六月，烈日炎炎，战败的袁术想喝一口蜜浆也不能如愿。袁术独自坐在床上，叹息良久，突然惨叫一声说：“我袁术怎么会落到这么个地步啊！”喊完，袁术倒伏床下，吐血死去。

一般来说，凡是自大的人当然都有两下子，但是，他们有时候也会对自己的能力自视过高。可是，“心急吃不了热豆腐”，做任何事情都需要把握时机。想要获得成功，仅仅只有能力是不够的，成功需要来自他人和社会环境等客观方面的支持。因此，我们说：能力要露，但不能“逞”。

俗话说：“出头的椽子先烂。”过于暴露自己的才能和智慧，对自己极为不利，当条件不具备、他人不认可时，你没有太大的影响力，容易受到有妒忌之心的小人的攻击。

历史上很多英雄豪杰虽然身怀绝技，但是，他们都明白这个道理。他们为了赢得胜利，不轻易地暴露和表现自己的才能。在这方面，明朝的开国皇帝朱元璋很有一手，特别值得那些身居高位又有表现欲的人学习。

当朱元璋起兵攻打下现在的南京后，采纳了谋士朱升的建议，打出了“高筑墙、广积粮、缓称王”的旗号。缓称王是做好舆论工作，不让自己成为别人攻击的目标；高筑墙是做好预防工作，不让别人来进攻自己；广积粮是做好准备工作，准备好兵、马、钱、粮。这些都是为自己称王做好准备工作。等到万事俱备，天下安定，老百姓能够安居乐业，称王就是顺其自然的事情了。

那么，一个人是否就应该将能力深藏呢？其实，并不是这样。

能力的锋芒若永久深藏，与没有能力的庸人又有什么差别？因此，我们要在适当的时候显露出自己的能力，让周围的人看到我们的能力，这样，我们就可以赢得别人的信任，并拥有更多发展的机会。

因事制宜，灵活应对

毫无疑问，无论是做人还是做事，都不能一根筋。一位哲人说过，做人要像山一样，做事要像水一样。山是挺拔巍峨的，水是流动多变的，这句话告诉我们，做人要有原则，做事要灵活多变。

为什么要灵活多变？道理很简单，因为世事并不总是一成不变的，如果按照原来的想法继续下去，可能会事倍功半，甚至是直接失败，所以才要因事制宜，灵活应对。

管理学中有个“权变理论”，讲的也是这个道理。它是20世纪60年代末70年代初在经验主义学派基础上进一步发展起来的一种管理理论，其含义是“随具体情境而变”或“依具体情况而定”。而我们在初高中时学的马克思主义哲学中也常提到“具体情况具体分析”这一道理，我们在做事时，如果只知道死板地依计划行事，就会忽略客观情况，导致计划不能适应变化，结果也会因此而出现偏差。

只有能够具体情况具体分析，并做出相应的调整，你才能应付瞬息万变的情况。

英国电影《野鹅敢死队》或许可以给我们一些启发。

在电影中，福克纳上校受雇于一位狡猾的银行家。他的任务是从非洲某国的一家监狱中劫出被推翻下台的前总统。福克纳率领的敢死队费尽千辛万苦，终于完成了任务。但这位银行家却在此时与这个国家的独裁者秘密达成了协议。这个协议对福克纳率领的敢死队来说是致命的，因为银行家的背信弃义，原本来接他们的飞机没有按时出现，眼看着福克纳率领的敢死队将要成为阴谋者的牺牲品，福克纳决定临时改变计划，并制定出一条新计划：他与那位前总统达成了协议，利用这位总统在人民中的威望，组织了一批民众，与独裁者展开殊死搏斗。

然而，到了前总统的领地，形势又发生了变化：虽然当地民众为了救总统都愿意牺牲自己，但这种想法却遭到了一位神父的坚决反对，这位神父是一名和平主义者，他不想让自己的国家陷入全面内战当中。最终，当地部落首领投票决定放弃战争，这使得敢死队再次陷入绝境。

但天无绝人之路，这位神父虽然不同意进行战争，但他告诉敢死队员们，附近的机场有一架飞机，或许能派上用场。

于是，福克纳又制定了一个新的计划：占领机场，夺取飞机。

在电影的最后，敢死队员们脱离了危险，并且让那位背信弃义的银行家付出了代价。

现实当然不如电影情节那般惊险，但是，这种“计划赶不上变化”的情况非常常见。所以，这也就要求我们必须具备灵活的头脑。

灵活应对并不难，有的时候，灵活就是一种思维的转变。

有一位禅师对大伙儿说自己法力无边，能将附近的一座大山在某年某月的某一天移到自己的跟前。大家虽都不信，但也想看看这位禅师究竟会怎样做，于是，很多人都去看禅师移山。此后每一天，大家看到禅师对着山凝神运气，口中念念有词：“山过来，山过来，山过来……”

眼看着承诺的时间一天天临近，大伙儿依然没看到山有一点前移的迹象，于是，看他的人一个个离开了，很多人都觉得禅师欺骗了自己。此后的每一天，禅师依然努力地喊着，声音更大了，也更虔诚了，但是，山仍然没有一丝一毫的移动。

最后一天终于来到了，绝大多数人都已经失望地离开了，最后只有一个小伙子依然坚守着，他相信老禅师一定会给他惊喜的。傍晚时分，禅师突然大叫一声：“山不过来，我过去！”随即，他迅速向山脚下冲去。几分钟后，愣在那里的小伙子惊呆了，因为他看到山虽然没有移动，但分明已经在禅师的面前了。

这个故事中，禅师并没有移山的能力，他不过是转变了思维，让自己移到山那边去了。

一个人做人做事固然要往光明正大的坦途上走，可惜，往往一不小心就发生偏颇而得到相反的结果。这里特别提出忠告，一个人即使能做到不偏不颇，也要善于运用一些小聪明，小聪明里面往往蕴涵着大智慧，能把做不好的事情做好，能把做不成的事情做成。

相传包拯在定远县任县令时，用“前夫”和“后夫”巧排迷阵，妙点鸳鸯谱，成全了一桩美满姻缘，其佳话流传至今。

定远县王员外的女儿貌美心善，自幼许配给了李员外的儿子李侃。李侃生得一表人才，且聪慧好学，是王员外意中的乘龙佳婿。可惜天有不测风云，后来，李员外家道中落，王员外嫌贫爱富，将王小姐许配给了翟秀才。

王小姐与李侃从小青梅竹马，所以，王小姐据理抗婚。然而，父母之命，一个弱女子又怎能抗争得过？王小姐终日以泪洗面，茶饭不思……而翟秀才那边却已择好了良辰吉日。在他前去娶亲的那天，李侃终因放不下心上人，一张状子送到衙内，告王员外赖婚、翟秀才抢人。

包拯看罢状子，又细问了情况后，传令李侃、王小姐、翟秀才一起上堂。包拯先对翟秀才晓之以理：“李侃是王小姐的前夫，他们有婚约在先。你身为秀才，应知书达理，还是成人之美吧！”翟秀才根本不听包拯善意的劝说，分辩道：“凭什么告我抢人？是王小姐自愿的。”包拯借机说：“那好，既然这样，就请王小姐自认吧。”

包公依计行事，让他们呈竖排跪着：前头是翟秀才，中间是王小姐，末后是李侃。然后，包拯对王小姐说：“请你听好，你是愿与前夫陪伴终身，还是愿与后夫白头偕老，本官决定由你自选。一旦认定，落文为凭。”王小姐听罢，即刻说愿与李侃，包拯纠正说只用“前夫”或“后夫”之词。王小姐向后面望着，一时不知该怎么说。包拯请她直说，王小姐急切中说：“老爷，小女子愿与前夫陪伴终身！”

三人落手印，心态各异。翟秀才高兴得眉飞色舞，李侃却愣住了，想不到信誓旦旦的王小姐会变卦！而王小姐则热泪滚滚。包公见状，哈哈大笑说：“好！王小姐不嫌贫寒，愿与前夫结百年之好。李侃，还不快领小姐回去成亲？退堂！”这时，王小姐破涕为笑，李侃也化愁为喜，唯有翟秀才无话可说。真是大堂之上，有人欢喜有人忧。看着有情人终成眷属的情景，包拯欣慰地笑了。

做事就是这样，一根筋撞南墙，随机应变才能绝处逢生。只有灵活多变，我们才能够在人生的道路上走得更加顺利。

过犹不及，凡事留点余地

人，要给自己留一道缝隙，给自己留一点空间，让心灵透透气，让灵魂躲躲雨。留一道缝隙，留一点空间，就是留一个台阶，留一个余地，不难为别人，亦不难为自己。

齐白石的山水画讲求意境，这种意境便是合理分布，便是疏密有致，便是有张有弛。意境者，如齐白石的虾、徐悲鸿的马、郑板桥的竹，他们的画作都有留白，笔虽断而意不断。如若将其涂满，那画便“死”了。

一些老手艺人做木工活，有句口头禅是：“注意了，留一道缝隙”。听起来是工匠的一句行话，实际细细品味，这句话很值得琢磨。木匠讲究疏密有致，该疏则疏，该密则密，不然易散落。

其实，做事与处世，和木匠的工艺原理一样，也讲究“留一道缝隙”，留一些空间。大千世界，滚滚红尘，潮涨潮落，生生不息。面对名与利，面对个人与集体、寂寞与热闹、失败与成功、现实与未来，有的人为自己留一点空间，举重若轻，收获丰盈的人生，而有的人却不堪重负，羁绊于生命之重。学会留一点空间，这是生命的大哲学。

庄子就为自己留了一点空间。先秦诸子，谁不想做官？谁不想通过世俗的权力来实现自己的乌托邦之梦？但濮水之畔的庄子心如澄澈秋水，心如不系之舟。面对两个身负楚王使命的使者，他持竿不顾。权势于庄子并没有什么吸引力，真正吸引他的是清波粼粼的濮水。于是，历史记录了他那至今还在茫茫天宇回荡的声音："往矣！吾将曳尾于涂中。"一句话，便推掉了在俗人看来千载难逢的发达机会，将许多人甚至愿意用生命来求取的相位扔进了濮水。庄子守护着自己的灵魂，为自己的心灵留下了自由舒展的空间。

苏轼也为自己留了一点空间。腹有诗书气自华的苏轼一生坎坷，从"乌台诗案"开始，他被一贬再贬。他曾哀叹过、彷徨过，接踵而至的灾难曾一度压得他喘不过气来，但他最终还是给自己的心灵敞开了一道吸纳清风明月的缝隙。面对险恶，苏轼唱出了"莫听穿林打叶声，何妨吟啸且徐行"；面对茫茫天宇，他唱出了"一蓑烟雨任平生""也无风雨也无晴"。于是，他的生命中回荡着倜傥洒脱的华彩乐章。

项羽没有给自己留一点空间，乌江之畔，血染长空。这位"力拔山兮气盖世"的英雄，身陷四面楚歌之境，他思想的空间被遗憾、羞辱和绝望占满，已没有可供回旋的余地。在衣袂飘飘、长袖舞动中，心爱的人儿香消玉殒。面对着如泣如诉的滔滔江水，悲叹着"无颜见江东父老"，一抹寒光闪过，一个悲壮的瞬间便定格于历史的江河。于是，滚滚江水千百年来一直呜咽地诉说一个悲戚的故事。

大江东去，浪淘尽，千古风流人物。奔腾不息的岁月之河从古代流到现代，它用哲人的睿智告诉我们，面对阴晴圆缺、悲欢离合，面对花开花落、得失成败，面对风霜雨雪、电闪雷鸣，面对灯红酒绿、名缰利锁，最难得的是为自己留一点空间！

平时处事，如果事事工于心计，利害当头，互不相让，凡事追求“圆满”，人与人之间的关系就会紧张，就会裂变。人如果追求完美，追求精益求精，便会患得患失，倍感压力，精神备受折磨。留一点余地，给自己多一点自由空间，让自己平静下来，便能事半功倍。

为人处世，我们应当留一点余地给别人，也留一片空间给自己。在任何时候，都不要放弃自我。当然，任何时候也不要目中无人。只有这样，我们才能够获得别人的认可。

打破思维枷锁

思维枷锁其实就是一种思维模式，具有强大的惯性。当我们面临新情况时，它往往会导致我们拘泥于条条框框，最终不能成事。

唐代有个锁匠叫王离，他有一手绝活，能在短时间内开锁，无论多么复杂的锁，他都能打开，从未失手。他曾夸口说在一炷香之内，可以从任何锁中挣脱出来，条件是让他带着特制的工具进去。

长安城的居民决定打击王离的气焰，有意让他难堪一回。他们特别打制了一个坚固的铁牢，配上一把看上去非常复杂的大锁，请王离来看看能否从这里出去。

王离想都没有想，就接受了这个挑战。走进铁牢后，王离取出自己特制的工具开始工作。香点上后，王离用耳朵紧贴着锁，专注地听着。半炷香的时间过去了，王离没有像他先前所说的那样从牢笼中挣脱出来。他的头上开始冒汗，因为他从来没有如此狼狈过。香烧完了，王离依旧没有打开这把锁。他筋疲力尽地将身体依靠在门上坐下来，结果牢门却顺势而开。

这是怎么回事？原来，跟他打赌的老百姓根本没有将这个牢门锁上，那把看似很厉害的锁，也只是一个摆设而已。长安城的百姓成功地捉弄了自负的王离。

王离为什么被人捉弄？就在于他只想到那把看上去非常复杂的锁。他固定的思维告诉他，只要是锁，就一定是锁上的。其实，门没有上锁，只是王离的大脑“上了锁”。

那么，人生中有哪些常见的思维枷锁呢？

一、权威枷锁

专家说：“吃鱼有助于长寿。”我们就多吃鱼；专家说：“人是由猿进化而来的。”我们相信了……我们对权威的话全盘接受，并不去考虑得出结论的理由。久而久之，权威枷锁形成了。

二、从众枷锁

例如，当你把一个经过深思熟虑的想法告诉一个朋友时，他说：“你错了！”再告诉第二个朋友，他还是说：“你错了！”于是，你就会对自己产生怀疑：“看来我确实是错了！”

三、自我中心枷锁

人们总是习惯自觉或不自觉地按照自己的观点、立场和眼光去思考别人乃至整个世界，从而为自己套上了自我中心的枷锁。

四、经验型枷锁

一位心理学家问100名高中生和100名幼儿园小朋友同一道题：某位举重运动员有了弟弟，但是，这位弟弟却没有哥哥，这是怎么回事？测试结果令人吃惊，高中学生考虑问题的时间和错误率都高于幼儿园小朋友。“经验”让高中生认为举重运动员是男性，而小朋友们没有这种“经验”，因此不受束缚。

五、唯一答案枷锁

生活中的许多事情不止有一个答案，但我们很多人找到了一个答案后，就终止寻找，创新自然无从说起。

当我们觉得自己的思维陷入枷锁的时候，一定要认真地审时度势，敢于打破枷锁，重新找回自己，做自己思想的主人。也只有这样，我们才能够另辟蹊径，走上成功之路。

六、求稳枷锁

人们在内心深处不敢冒险，希望一切都按部就班，于是，创新就被抛诸九霄云外。

西方谚语说，罗马不是一天建成的。中国古代先贤荀子也说，不积跬步，无以至千里。打破思维枷锁，就是我们走向发展的第一步。我们应当有一个清醒的认识，并时刻反躬自省：“我到底有没有被思维枷锁困住？”唯有如此，我们的人生才能迎来一个新的局面。

第五章　慎独自律，通晓修身之道

自律，是一种内在的动力，自律不仅能给人心灵的自由，也是解决人生痛苦的根本途径。自律的人往往有着极强的自我管理，不管外在如何纷扰，自律的人都能寻得内心自洽，并在不断的自我管理中，习得修身之道，掌控自己的人生。

时时检点，修身养性

关于自察，《论语》中有“每日三省吾身”一语，意思是每个人都应当时刻检讨自己。《小窗幽记》中也有一句“无事有事，时时检点”，这话的意思是，无论什么时候，我们都应当检点自身。

这两句古文说的都是“修身养性”的重要性。“修身养性”指的是培养性格，涵养性情。如今较为普遍的情形是，人们更注重知识的学习，而对性格的培养关注度不够。应该说，无论什么时候，“修身养性”都是人生的重要课题，需要给予足够的重视。

在古人心目中，修身养性要达到的境界主要表现在两个方面，一是遇事沉着冷静，头脑清醒；二是与人相处宽容大度，有礼有节。

经典文学作品《世说新语》中记述了谢安的这样两则故事。

一次，谢安与人下棋，他的侄儿谢玄领军在淝水前线与敌人激战，捷报送到谢安手中，他看后沉默不语，接着下棋。人们急切地询问前线的消息，他说了句“小儿辈大破贼”，神色举止，不异于常。

另一次，谢安与友人泛游海上，突然开始风起浪涌，船上众人一阵慌乱，又哭又叫喊着要回去，而谢安却神情怡然，仍在吟诗。后来，风浪变得更大了，人们乱成了一团，谢安面不改色，说：“该回去了吧？”他控制情绪的能力，令人吃惊。人们看重这种性格的人，当然不仅仅因为他与众不同，而是因为在复杂多变的社会活动中，需要临乱不惊的人。沉着才善于应变，这种人在社会活动中的凝聚力和组织力是超出一般人的。

另一则故事则是与谢安同时代的郗超。

郗超一直与谢安的侄子谢玄不和。当苻坚的军队打来时，朝廷打算派谢玄出征，有不少人反对；而郗超极力举荐谢玄，因为他了解谢玄，认为谢玄有能力和才干担此重任。当时，人们都赞赏郗超的远见和大度，既叹服他的“先觉”，“又重其不以爱憎匿善”。

那么，我们要如何修身呢？

1. 居家要俭

一个人如果贪慕荣华，只图享乐，必然助长恶行。如李商隐说：“历览前贤国与家，成由勤俭败由奢。”节俭并不是悭吝、一毛不拔，而是食不求精，衣不求美，饱暖则足。司马光说：“由奢入俭难，由俭入奢易”，养成了奢华无度的习惯，即使再富有的家庭，也终必沦为贫乏；反之，如果一粥一饭不奢靡浪费，因此而有所积蓄，甚至转贫为富。所以，我们居家要“俭”。

2.创业要勤

这是一个物竞天择的社会，“适者生存”是一个必然的规律。一个人要想成功立业，不是靠家人的声望，也不是取决于出身的高低，而是要看自己的勤劳与努力。一个出身贫穷的人，只要他勤劳，必能转穷为富。所以，“勤”是创业守业之道。

3.待人要谦

一个人的学识再高，如果高傲、不谦虚，难受主管的青睐；一个人的容貌再美，如果自负、不知含蓄，难受他人的赞美；一个人的能力再强，如果不懂得忍让，难得他人的友谊。曾国藩说：“谦，则不招人忌；恭，则不招人侮。”所以，“谦”是待人之道。

4.处事要和

不要轻易的发怒、闹脾气，发怒不但会危害人体的健康，还常常会使小过变成大过、有理变成无理，甚至导致做出不当的抉择。因此，在待人处事上，我们要心平气和。心平气和能让头脑冷静，心平气和才不失方寸。所以，“和”是处事之道。

中国传统文化极度提倡自省，我们也相信，唯有日复一日地自省，我们才能更加清醒地认识自己、提高自己。当然，也唯有如此，我们的人生才能变得更加精彩。

三思而后行

这个世界上恐怕没有谁敢说“我从来就没有后悔过”。“悔不当初”这个成语就说明了一个道理，只有后悔时，我们才会想起自己当初做决策时太盲目。

多年前热播的一部古装喜剧电视剧《武林外传》中，同福客栈的老板娘佟湘玉不开心时，总会哭哭啼啼地说：“从一开始我就不应该嫁过来，如果我不嫁过来，我的夫君就不会死；如果我的夫君不死，我也不会沦落到这么一个伤心的地方……”没错，如果当初佟湘玉没有嫁过来，她也许就能一直过着千金小姐的幸福生活。但是，她若真的没嫁过来，她还能遇到让她爱得死去活来的白展堂吗？

我们在劝慰别人的时候，总会把事情往乐观的一面想，告诉别人“世上没有后悔药吃”，我们只有用现在的行动去弥补过往的悔恨。但是，在自己遭遇失败时，我们又总是十分后悔：为什么我当初要这样做呢？为什么我一开始选择了她呢？为什么我当初不说出那句话来呢？

其实，想要不后悔，最简单的办法就是三思而后行。没经过大脑思考而做出的决定往往都会有些许莽撞，只有反复思考斟酌，我们才能做出理性的决定来。

有一对夫妻养了一只狗，主人回来时，这只狗总是摇着尾巴跑到主人怀里撒娇，伸出热乎乎的舌头舔舔主人的手。夫妻俩也经常带着小狗出去散步。

后来，这对夫妻有了儿子，由于忙于照顾孩子，他们很自然就疏远了狗。小狗经常用一种嫉妒的眼神看着他们刚出世的儿子。开始，他们怕狗会伤着儿子，想把狗送走。谁知过了一段时间，好像狗比他们还更喜欢他们的儿子，经常一动不动地在摇篮旁看着小家伙，也不叫唤，有时还学着主人的样子推着摇篮，哄小家伙睡觉，见到小家伙把被子踢开，还会用嘴帮他盖好被子。儿子似乎也熟悉了这条小狗，只要这条狗在旁边，他就不会哭。夫妻俩就放心了，他们出去买菜或者办事时，都让狗独自看着儿子。他们回来时，狗总是安安静静地坐在摇篮旁。

有一次，他们要去临近的一个城市办事，几个小时就回来。临走前，他们把儿子喂饱，看着他睡着后，拍拍狗，指指儿子，让它好好照顾儿子。狗就像平时一样向他们努努嘴，意思是让他们放心去。

谁知，在办完事回来的路上，他们遇上了高速路塌方，被堵在高速路上整整一个晚上！他们想到准备的狗食不够，儿子估计也该饿了，心里急得不行。等到通车已是第二天中午，他们急忙赶回家，刚打开门，他们就发现地上有一些血迹。他们发疯似的往屋里跑，进去一看，儿子已不在摇篮里，摇篮周围都是血迹。狗从里屋跑出来，向他们撒娇，舔着他们的手，只是它的嘴上和身上沾满了血。

他们明白了，畜生毕竟是畜生，不管平时多么忠实，在饿极了的时候也会爆发野性。他们就这样呆呆地看着这一切，半天回不过神来。突然，男主人回过神来，从厨房拿出一把菜刀，抓住狗，把狗拖到院子里。狗被吓蒙了，但没有反抗，当它看到主人手里的刀落下来的时候，眼神里流露出不解和凄楚。主人看到后，手里的刀停顿了一下，他的心被仇恨燃烧着，刀落下，狗一声不吭地倒下了。看着地上狗的尸体，他仍呆呆地站着……

过了一会儿，突然从里屋传来婴儿的哭声。他们回过神来，赶紧跑进去一看，儿子正好好地躺在床上。顿时，他们后悔了，一定是冤枉了狗，但那些血是怎么回事呢？他们在家里搜索了一会儿，终于在大床下发现了一条蛇，蛇已经死了，地上到处都是血。他们明白了，当狗发现这条蛇对儿子有威胁时，它先把儿子叼到里屋，然后独自在外面和蛇展开搏斗，把蛇咬死，保护了儿子。

他们想到刚才从狗的眼睛里流露出的凄楚眼神，不禁十分后悔。男主人抱着儿子跑到狗的尸体旁痛哭失声，可大错已经铸成，他们只好把狗拿到郊外埋了，为它立了块碑，上面写着“义犬之墓”。

我们无论做什么事情，都应三思而后行，顾全大局，才能避免错误的发生。我们应该如何做到三思而后行呢？下面这个故事或许能给我们一些启发。

有一个愚笨的人，因为脑子不怎么好，所以，他家里很穷，可是他的运气很好。一次下雨的时候，他家的围墙倒了，他居然从倒了的墙下挖出了一坛金子，因此，他一夜暴富。可是，他依然很笨，他也知道自己的缺点。于是，他就向一位禅师诉苦，禅师告诉他说："你有钱，别人有智慧，为什么不用你的钱去买别人的智慧呢？"

这个愚人就来到了城里，见到一个僧人，他就问："你能把你的智慧卖给我吗？"僧人答道："我的智慧很贵，一句话1000两银子。"

那个愚人说："只要能买到智慧，多少钱我都愿意出！"

于是，那个僧人对他说："遇到任何事，都不要着急着处理，向前走三步，然后再向后退三步，往返三次，你就能得到智慧了。"

"智慧"这么简单吗？那人听了，将信将疑，僧人看出他的心思了，对他说："你先回去吧，如果你觉得我的智慧不值这些钱，那你就不要来了；如果觉得值，你就回来给我送钱来。"

当夜回家，昏暗中，他发现自己的妻子居然和另外一个人睡在炕上，顿时怒从心生，拿起菜刀准备将那个人杀掉。突然，他想到白天僧人对他说的话，于是，他前进三步，后退三步，正走着，那个与妻子同眠的人惊醒过来，问道："儿啊，你在干什么呢？深更半夜的！”

愚人听出是自己的岳母，心里暗惊：“若不是白天我买来了智慧，今天我就错杀岳母了！”

第二天，他早早地就给那个僧人送银子去了。

任由头脑发热，便会很容易失去理智。意气用事，是做抉择的大忌。所以，我们在做选择时，不妨也买一个这样的“智慧”——遇到任何事不要着急处理，向前走三步，然后再向后退三步，往返三次。

总而言之，一个懂得修身的人，一定也懂得克制，凡事三思而后行。冲动的后果是可怕的，千万不可等到后悔时才埋怨自己为什么当初做那样的决定。别等到事情做错了才去后悔，为时已晚的悔恨又有什么用呢？

拥有平常心

在纷纷扰扰的世界中，我们如果拥有一颗平常心，生活就会幸福很多。有一点本事不要骄傲和炫耀，而要深藏不露；在成为众人目光的焦点时，要保持平常心；在事务繁多、精神紧张的时候，要保持镇定。金钱、地位、房子、车子……太多的诱惑、太多的欲望给现代人带来了太多的压力和痛苦。人生若看不破“名利”二字，就会让自己身心疲惫。要想破解这一困扰，就得以平常心为人处世。不必为眼前得到的利益而沾沾自喜，也不必为眼前失去的利益而烦恼丛生. 要始终保持宁静自然的心态，淡泊名利，知足常乐，用一颗平常心去生活，活得实实在在，活得快快乐乐。

所谓修身养性，就是保持一种云淡风轻的态度，对生活中的种种得意、失落都应保持泰然。但有多少人能做到这一点呢？

日常生活中我们不难见到，有的人不是在成功的掌声鲜花中变得飘飘然而止步不前，就是在失败的打击中变得心灰意冷而一蹶不振；不是在赢了的时候目空一切、得意忘形，就是在输了的时候万念俱灰、垂头丧气；不是让荣誉成为包袱压力而变得患得患失、畏首畏尾，就是用一时的屈辱把自己整个人生涂得一片漆黑……这些人，都缺少了一颗平常心，既拿不起，又放不下，既输不得，又赢不起。

其实，成功得失都有自然规则，毁誉褒贬皆为平常道理。只要怀着一颗平常心，我们就能做到豁达而不失节制，恬淡而不失执着，宁静而不失勤勉。要知道，人世间有元帅，但更多的是士兵；有劲松，但更多的是小草。我们周围有很多人，他们兢兢业业、勤勤恳恳，为了事业奉献了一生，无怨无悔。

人世之中，平常心是一种不可小视的力量。拥有平常心之人．总是仁慈、宽容、淡泊，他们不会将精力耗费在恩怨计较之中，能够充分享受到生活的乐趣；保持平常心之人，从不虚荣、虚伪和虚假，能够正视自己的缺点和不足；坚守平常心之人，更是胸襟宽广，做人光明磊落、坦坦荡荡，深得身边人的信任、爱戴与拥护。都说得人心者得天下，拥有一颗平常心，何愁事业不成功呢？

平常心不是平庸心，不是对什么都无所谓，得过且过，碌碌度日。具有平常心的人也会拥有远大的抱负、勃勃的雄心，只是在付出后，他们对成败得失不那么看重——“我努力了、奋斗了，无愧于心就行了。”具有平常心的人往往能做出不平常的事业，因为他们轻装上阵，没有精神负担。

平常心是经历磨难、挫折后的一种心灵上的感悟，一种精神上的升华。我们需要平常心来感受真实，陶冶情操，体味平淡琐碎中的缕缕深情；我们需要平常心来独守孤独寂寞，走过泥泞风雨，潜心播种与耕耘；我们同样也需要平常心来抚慰创伤，化解恩怨，梳理愁绪，擦净心灵上的污垢。怀着平常心，就是要使自己从私念物欲中摆脱出来，淡泊明志，宁静致远。

平常心并非深不可测的玄机，它只是普通人的平凡心态而已，吃饭好好吃，睡觉好好睡，做事当认真，为人不计较。但是，为何如此简单的事情，许多人却很难做到呢？那是因为人们在竞争的巨大压力下、在名与利的多重诱惑下，滋长了自私、贪欲、痴迷、浮躁、报复、好胜、狂妄等种种不良心态，导致痛苦、烦恼和噩运纷至沓来。

既然如此，何不从今天开始化繁为简、回归本源，重新用平常心去参透贫富、成败、磨难、名利、荣辱和生死，以一种健康的心态去认认真真地生活，去感受生命的快乐？

懂得随遇而安

曾有人问老聃，你认为什么样的生活态度最正确？

老聃只说了四个字：随遇而安。

随遇而安，这是道家的智慧，也是我们人生应当追求的一种理想状态。每个人在年轻的时候都会有一种初生牛犊不怕虎的冲劲，但经历了许多磨难和坎坷之后，终会渐渐明白：忍一时风平浪静，退一步海阔天空。是啊，能忍则安，忍是一种生活态度，忍是一种人生境界，它饱含着一个人的人生历练，它诠释了一个人的人生内涵。

随遇而安，会减少许多因拼命反抗而引来的刺伤；随遇而安，会消除很多因奋力挣扎而带来的隐痛。随遇而安是一个人成熟的外在表现，它不是怯懦，它是柔韧；它不是愚笨，它是明智；它不是追求安逸，它是保持毅力。

壁立千仞，无欲则刚。“无欲则刚”其实没有得到解脱，也无从超越。因为“无欲则刚”中的“欲”是一种功利性的物欲，而“刚”又是一种欲的表现，是人们心中渴望自由、表现毅力、维护信念、追求自我价值等名利之欲较强的现象。以一种欲去抵抗另一种欲，人就难免不受其困扰，要处在对立、矛盾、争执、冲突和是非纠葛之中。

一个人处在某些是非对立的特殊情况下，采取随遇而安的心态是有一定的积极意义的。

我国唯一的女皇帝武则天在执政时，有个大理少卿徐有功经常据理直言。有一次，武则天要将一个人处死，徐有功在众多大臣面前指出此人罪不至死，不可处决。为此，他同武则天越争越激烈，连君臣之间的礼节都不顾了。武则天大怒，喝令将士将他推出去斩首，徐有功转过头来大声说道："臣身可死，法决不可改。"武则天被他打动了，从而赦免了他，并收回了原先处决那个人的命令。

这个事件说明无欲则刚的胜人之处，但是，这种胜机却不是把握在自己手中，而是操纵在他人之手。对武则天来说，徐有功刚直带来的冲撞，虽然伤害了她的皇帝尊严，但与她保江山需要忠臣的大局相比，这毕竟是小事，因而，武则天能够容忍徐有功的过激，给予他宽恕。但是，当徐有功以这种刚去反对、阻碍他人的根本利益时，就不可避免地会遭到各种诬陷和打击，幸亏武则天知他为人而不去信妄言。

有一名叫牛缺的大儒，在赶往赵国的路上，他遇到了一帮强盗，强盗把他的东西抢了个精光，他也不反抗，任凭掠夺。强盗见他知趣地配合，就放了他一条生路，让他走了。可是，牛缺走时毫不沮丧，强盗们心里奇怪，就追上去问他。他回答说："君子不会夺他人之需，既然遇到的不是君子，当然不必有所计较。"强盗们一听，暗中议道，像他这样的贤德之人，去赵国后一定受到重用，将来可能会对他们不利，不如杀了他，以绝后患。于是，牛缺就被强盗杀死了。

有个燕国人知道了这件事后，就召集族人，告诫他们，碰到强盗，不可以像牛缺那样傻。有一次，这个燕国人的弟弟到秦国去，路上也遇到强盗。他不想像牛缺那样，于是，他就与强盗拼打，但寡不敌众，最后还是被抢光了。他并不罢休，强盗走了，他还追上去。强盗说："我们留你一命，已经对你够意思了，你却自不量力，穷追不舍，存心要败露我们不是？我们既然当了强盗，就无所谓仁慈不仁慈了，受死吧。"说完，手起刀落，强盗把他杀死了。

从这个故事中我们知道，牛缺对身外之物看得很轻，固然算得上无欲，但是，当他被抢之后，内心另一种欲不由自主地出来与强盗的行为相对抗，企图表现出自己的高贵贤达和不可剥夺的心志。结果，第一层无欲则刚平息了强盗们内心的对立，第二层欲的表现又激起了强盗们内心更深层的对立。而燕国人不知牛缺被杀的真正心理奥秘，在第一种对立被强盗获胜的结局自行消解后，进一步去加剧这种对立，迫使强盗用彻底的办法来消除对立，这就更属于愚蠢了。

就现实生活而言，消除一种对立不需十分高深的智谋，但人们明白道理是一回事，实际行动起来又是一回事。许多人都明白这种道理，但做起来却受到情感的牵制。

陶渊明说：俯仰终宇宙，不乐复何如？一个睿智之人是不会终日抱着莫名其妙的忧虑而愁眉不展的。先哲又云：世上本无事，庸人自扰之。无论生活在什么环境下，聪明豁达之人都会用乐观平和的心态面对生活。譬如一个长途跋涉在沙漠中的人，突然拥有了半杯水，如果他是个乐观者，他定会欣喜不已，尽情享用这半杯滋润生命的甘露琼浆，凭借乐观的信念走出困境；假如他是个悲观者，那么，他定会认为这半杯水对他来说简直无济于事，从而更加烦恼，心力交瘁，走不出生命的困境了。

林清玄说：在人生里，我们只能随遇而安，来什么，品味什么，有时候是没有能力选择的。学会随遇而安，你就能够轻松地打败生活中许多看似不可战胜的困难。

有所为，有所不为

我国古代对君子有一套严格的标准。比如说，“君子爱财，取之有道”“君子有成人之美”“君子不党”等等。其实，君子的标准正是我们做人的一些原则。原则是最原始的规则，既然是最原始的，就意味着它是不应该被突破的底线。比如，诚实守信是做人的基本原则，本不该违背。但现实生活中总有一些人为了蝇头小利而牺牲自己的原则。我们不必非得以君子之风要求自己，但应该要坚守原则，有所为，有所不为。

在一部分人眼中，原则并不值钱。比如诚实守信、尊严、契约精神等，这些流于纸面上的文字在一些人眼里只不过是几个词语而已。一些无良的商家罔顾消费者的利益，生产假冒伪劣产品，更有甚者，一些人为了一点利益违背原则，出卖公司的秘密，甚至是国家的利益。这样的事情我们屡见不鲜，但是，我们是否想过，这样做的后果是什么？

很多人并不知道，臭名昭著的汪精卫曾经也是一个热血青年，也曾为国家做出过贡献。1910年3月，汪精卫刺杀清摄政王载沣，事泄被捕，被判处终身监禁，事后还写下了“引刀成一快，不服少年头”的佳句。1911年10月武昌起义后，汪精卫出狱，并结识袁世凯。与杨度组织“国事共济会”，呼吁停战议和，之后，他充当南方议和参赞，参与南北和谈。

在1937年“七七事变”后，全面抗战爆发，汪精卫却忘记了自己的原则。最初，他还不敢公开宣传投降论调。他在7月29日的《最后关头》演讲中装出腔调，谈得很豪迈。但其实，他的内心是怯懦的，在私下里，他说抗战是“跳火坑”，潜台词是“救国已无希望，只好跳火坑”而已。

1938年12月，汪精卫潜逃越南，发表“艳电”，公开投降日本。1939年5月，汪精卫等赴日，与日本当权者直接进行卖国交易。回国后于8月在上海秘密召开伪国民党第六次代表大会，宣布“反共睦邻”的基本政策。12月，与日本特务机关签订《日华新关系调整纲要》，以出卖国家的领土主权为代价，换取日本对其成立伪政权的支持。终于，在日本人的扶持下，汪精卫伪国民政府在南京正式成立，汪精卫任伪国民政府代主席兼行政院长。

汪精卫的下场不必说了，他用一个做中国人应该要有的“爱国原则”与日本人进行交易，换来了荣华富贵，却也将自己钉在了历史的耻辱柱上。

一个人不管是做人做事，都要有一定的原则，出卖自己的原则其实是一件得不偿失的事。只有那些坚持原则的人，才能够获得别人的认可，最终走向成功。

大学毕业后，吉姆和朋友格尔前往一家公司应聘。那家公司待遇优厚，参与应聘的人不少。面试结束后，主考官说还需要复试一次，让他们5天后报到。

5天后，他们早早地去公司。公司老总亲自为他们安排了当天的工作：老总给他们每人一大捆宣传单，让他们到指定的街道发放。

吉姆抱着传单，来到了指定的位置，见人就发给别人一张单子。有的人接过去了，有的人连理都不理，有的接过去就随手扔在地上，他只好把别人扔在地上的宣传单捡起来重发。忙碌了一整天，可他手上的传单还剩厚厚的一叠。

下午5点，吉姆拖着一身的疲惫回公司交差。走进公司办公室，他看见其他人都已经回来了。格尔一看到他，就说："你怎么还有那么多传单在手中？"吉姆一看大家手上都是空的，心里慌了。

老总问吉姆发了多少。他涨红着脸，难为情地说："我干得不好，请原谅！"在回住处的路上，格尔一个劲儿地说吉姆傻，并告诉吉姆，自己的传单也没发完，他把剩下的传单全都扔进了垃圾桶，其他人想必也是如此。

结果，在那次招聘中，吉姆成了唯一的被录用者。

半年后，吉姆因为业绩突出，升任部门经理。他询问老总当初为何选择了他，老总说："一个人一天能发多少传单，我们早就测试过。那天我给你们的传单，用一天时间是肯定发不完的。其他人都发完了，只有你没有。答案就这么简单。"

那些耍小聪明的人最后栽了跟头，反而是吉姆这种“傻傻”坚持原则的人最后获得了他人的青睐。

但是，我们也要知道，原则虽然重要，但原则并非是铁板一块。有的时候，太过讲原则是一种固执和钻牛角尖的表现。所以，我们除了要坚守一些原则之外，也要做到简单的平衡。

《论语》中有这样一段对话：

子贡问曰：“乡人皆好之，何如？”子曰：“未可也。”

“乡人皆恶之，何如？”子曰：“未可也，不如乡人之善者好之，其不善者恶之。”

这段话的意思是：子贡问孔子：“有一个人，乡里的人都喜欢他，这样的人怎么样？”孔子回答：“（这样的人）还不行。”子贡又问：“又有一个人，乡里的人都厌恶他，这个人怎么样？”孔子回答说：“也不行，最好是乡里的好人都喜欢他，乡里的坏人都厌恶他。”

其实，孔子说的这种人就是一个有原则的人，如果一个人让所有的人都喜欢他，那么，说明这个人是一个两面三刀的人；如果一个人令所有的人都厌恶他，那么，也说明这个人做人有问题，不讨任何人喜欢；真正的好人应该做到，令好人都喜欢他，令坏人对他避而远之。而这种人也一定是原则性极强的人。

“乡人皆好之”者是没有原则的。这种人没有是非观，只懂得投人所好。他们巧舌如簧、八面玲珑。在领导面前，毕恭毕敬、唯命是从；在同事面前，和颜悦色，俨然一个“好好先生”。这种人从来就远离纷争，置身事外。一旦遇事，便欣欣然地做起“和事佬”，谁也不得罪。这种人或许能讨绝大多数人的欢心，但却无法让人产生信任。

反之，“人皆恶之”则说明一个人虽然很有原则，但是做人却是失败的，如果人人都厌恶他，那他的原则就成了一纸空文，他也无法实现自身的价值。

那么，如何才能做到平衡呢？

首先，我们还是要坚持一些非常重要的原则。

诚实守信。不论是做人还是做事，鱼无水不活，人无信不立。我们必须待人诚信，言出必行。

不能损人利己，多为他人着想。有人说这个社会遵循着最原始的“弱肉强食”法则，你对别人心软，别人就会对你狠心。这种想法其实谬误至极。社会竞争激烈是没错，但是，也必须有一条最基本的底线：不伤害他人。

看淡小利，共谋大赢。我们管一些一毛不拔、贪图小利的人叫“铁公鸡”，他们对财富和利益看得过重，所以事事锱铢必较，一针一线都要跟人算清楚。这样的人很难受人欢迎，而且也是目光短浅、无法谋取大利的人。

不逃避责任，不强加义务。有这样的一个人，他平时可以跟别人称兄道弟、推杯换盏，但一到关键时刻，朋友有难，他却逃之夭夭、不管不问。试问，这样的人以后还能有真心相待的朋友吗？我们作为父母的子女、子女的父母、朋友的朋友、老板的员工，与这些人都存在着责任关系，父母需要我们尽孝，子女需要我们抚养，朋友需要我们帮助，老板需要我们努力，这些责任是我们无法推卸的。一个经常推卸责任的人，到头来只有一个下场，那就是没有人再敢赋予他什么责任了，也没有人会再对他抱有期望。

另外，不强加义务也很重要。比如说，我们帮助了别人，不能强求别人回报，因为这样看上去像是一种功利化的交易，也像是一种要挟，这样的人也是无法取得别人信任的。

第六章　恭肃谦逊，懂得进退分寸

大智者必谦和，大善者必宽容。真正优雅的人，必定有不卑不亢的态度，在与人相处时，懂得尊重彼此，接纳个体的不同，谦和、温顺、自持，懂得进退分寸。

与人为善，以和为贵

孟子说：“威天下不以兵之革利。”何以威天下？孟子的解答是：“仁。”何为仁？“和”也。中国汉语中的“和”字有多重含义：相安，协调，平息事端。除了有对立统一的“阴阳之和”的意思之外，还有“合适”“恰当”“适中”“无过无不及”的“恰到好处”之意。

事事以和为贵，会少许多干戈，会少许多烦恼。战国时的蔺相如完璧归赵后，又与赵王渑池赴会，因功高，赵王封蔺相如为丞相。居功自傲的廉颇十分愤怒，定要与蔺相如分个高下。他屡次故意挑衅，蔺相如始终忍让。非是相如无胆量，而是他怕手足相残，于国有伤。后廉颇终于醒悟，负荆请罪。将相和好，共同辅国，国家无恙。

长期以来，“和”一直是人们所追求的一种理想生存状态。王夫之在《周易外传·说卦》中说：“天地以和顺为命，万物以和顺为性。”自然界是如此，人类生活、社会生活也不例外。我们现实生活中所说的“和”，应该是讲团结、讲谅解、讲安定。生活中，我们需要和睦的人际关系，需要和谐的社会环境。人们需要在和颜悦色中交往，在和蔼可亲中相处。有的人为了一点小事吵得面红耳赤，最终翻脸，将关系闹得很僵。实际细想起来，有什么过不去的呢？为了小事发脾气，回头想想又何必？

在人流如织的大街上，难免发现碰撞，碰人者没有道歉之意，而且还会流露出一种满不在乎的样子，被碰者自然满心不乐意，说几句埋怨的话。双方在大庭广众之下争吵，更有甚者，为此小事而大打出手。

现实生活中如此，虚拟的网络中也有这样不和谐的事情发生。在网站上，我们经常能看到一些人因为对某件事持有不同看法而发生争执，有的甚至升级成线下的肢体冲突。实际上，这些与“以和为贵”相悖的不理智的做法，只要当事人各自退一步，就什么事情都没有了。

生活中许多争吵，细想起来其实很没有必要。民间一直流行这样一句话：“人生本是一出戏，因为有缘才相聚。为了小事发脾气，回头想想又何必？”仔细想想，确实是这么一回事。万事以和为贵，做人应该有仁和之心、谦和之德、温和之气、慈和之容。人与人之间，彼此少一些盛气凌人，多一些态度温和，凡事换位思考，就会少许多不必要的争吵。

国家为政之道讲究“政通人和”，家庭讲究“家和万事兴”，人与人之间讲究“以和为贵”，企业经营讲究“和气生财”，网络交流讲究“和谐美好”！一个小小的“和”字，表达了我们对生活的美好祝愿。

人在社会上或在工作中表现出的人与人的关系是一种相

互依存的关系，不仅所肩负的事业存在共性，而且，也有很多工作必须依靠人们的合作才能完成。否则，互相拆台，暗中作梗，明处捣乱，想把一件事情做好是不大可能的。而让周围的人都能捧场和合作，自然需要气氛上的和谐一致。倘若情感上互不相容，气氛上别扭紧张，就不可能协调一致地工作。

当然，每个人都有自己的个性、爱好、追求和生活方式，不可能亦不必要求每个人都处处与他所处的群体合拍。但是，任何一项事业的成功，都不可能仅仅依靠一个人的力量，谁也不愿意成为群体中的破坏因素，这就是共同点。一个有修养、集体感强的人，能够利用这一共同点，以自己的得体的行为和善意的态度去感染、吸引别人，使周围人的关系更融洽。

与人为善，以和为贵，是与人友好相处的基础。所以，在现实生活中，我们每一个人都需要调整好自己的心态，冷静清醒地看待自己，理性宽容地对待他人，切勿心生嫉妒，多看别人长处，多找自身短处，这样才能不断提高自己、完善自己，使自己的人生之路越走越宽。

以仁义为先

古语说，钱财如粪土，仁义值千金。在人际交往中，真情的确就是无价之宝。仁义至关重要，也只有当你以人为先的时候，你才可能获得更多人的认可和帮助。

在美国的一个小镇上，有一天夜晚，刮着北风，透着刺骨的寒冷，一对老夫妻步履蹒跚地走在街上。夜深了，天气又如此寒冷，很多旅馆不是人已经住满了，就是早早关了门。这对夫妻又冷又饿，希望尽快找到住处。

他们来到路边一间简陋的旅店，店里的小伙计充满歉意地说："店里已经住满了。""我们找了好多家旅店，这样糟糕的天气，我们该怎么办呢？"屋外呼呼刮着寒风，眼看就要飘起雪花了。

店里的小伙计不忍心让这两位老人继续在外面受冻，他说："如果你们不计较的话，今晚就睡在我的床位上吧。"

小伙计见他们饥寒交迫，又给他们端来热水和热乎乎的饭菜，为老夫妻铺好了床，两位老人非常感激。第二天的时候，老人要付双倍的客房费，小伙计坚决不要，他说：“我仅仅做了一件自己力所能及的事情，让你们这么大年纪的人在风雪中漂泊，任何人都于心不忍。”

临走时老人拍着小伙子的肩膀语重心长地说：“小伙子，只有像你这样的人才有资格做一家五星级酒店的总经理。”

“哈哈，要是那样的话就太好啦。”小伙计并没有在意，“起码总经理的收入，可以让我更好地养活我的妈妈啦。”

没想到，两年后的一天，小伙子收到一封来自纽约的信件，信中夹有一张往返纽约的双程机票，并邀请他去拜访一对老夫妻，就是当年睡他床位的那两位老人。

小伙子来到纽约，老年夫妻把小伙子领到最繁华的街市，指着那儿的一幢摩天大楼说：“这是一座专门为你兴建的五星级宾馆，现在我正式邀请你来当总经理。”

这是一个真实的故事。其实，现实生活中我们也听说过这样的例子。例如，在浙江杭州，一位富商为了报答20年前帮助过他的农民，向其赠送了价值数百万的房产。

当然，也不是说对人仁义就一定要期待回报。古往今来，有许多人慷慨解囊、助人为乐，并不求回报，他们感动着一代又一代的人。而且，往往是人们不经意的一次相助，或者很随意的“义气之举”，为今后的人生埋下了“福根”。

战国时代，齐国孟尝君有一个门客冯谖。有一次，孟尝君派冯谖去薛城收债。冯谖向孟尝君辞行，并请示：“收完债，您需要买些什么东西吗？”孟尝君顺口答道：“先生看我家里缺什么，就买些什么吧！”

冯谖驱车来到薛城，派人把所有负债之人都召集到一起，核对完账目后，他便假传孟尝君的命令，免去所有的欠款，并当面烧掉了债券，百姓皆感激不已。

冯谖随即返回，一大早便去求见孟尝君。孟尝君没料到他回来得这么快，半信半疑地问：“债都收完了吗？”冯谖答：“收完了。”“那你给我买了些什么回来呢？”孟尝君又问。冯谖不慌不忙地答：“您让我看家里缺少什么就买什么，我考虑到您有用不完的珍宝，数不清的牛马牲畜，美女也站满庭院，缺少的只有‘义’，因此，我为您买‘义’回来了。”孟尝君不知所云，忙问“买义”是什么意思。冯谖就把事情经过说了。孟尝君听罢，心里很不高兴，只得悻悻地说：“算了吧！”

一年后，孟尝君由于失宠于齐王而被赶出国都，只好回到薛城。当孟尝君的车子距薛城还有上百里远时，薛邑百姓便已扶老携幼，夹道相迎。孟尝君好生感慨，回头对冯谖说：“先生，您为我所买的‘义’，我今天终于看见了！”

“冯谖市义”的故事让我们明白，人心有时候比金钱更重要。古人云，得民心者得天下，失民心者失天下。民心决定了一个政权的兴衰，也决定了我们的人缘。在人际关系中，如果我们时刻以仁义为先，才能够在帮助他人的同时成就自我，为自己的人生铺筑更顺畅的道路。

独乐不如众乐

在我们的印象中，狮子是食肉动物中体型最大的一个动物，狮子在草原上没有天敌，处在食物链顶端。作为“草原之王”，狮子应该傲视群雄，不用为食物发愁。可实际情况却恰恰相反，据野生动物专家观察，狮子往往长期处在饥饿状态。

这是什么原因呢？原来，狮子捕猎的时候从来都是独来独往。当它好不容易捕获一只大型猎物时，草原上的鬣狗就会成群围过来，从狮子口中夺食。这些鬣狗少则十几只，多则上百只，孤独的狮子根本就不是他们的对手。

而鬣狗的捕猎习惯也跟狮子不一样，它们捕到食物不会自己独享，而是会分享给自己的同伴。虽然单个的鬣狗对于强大的狮子来说根本不值一提，可是，成群的鬣狗团结起来，却让这个“草原之王”却步——争夺的结果往往是狮子在旁边看鬣狗分享自己辛苦狩猎的成果，等到鬣狗吃完了，它才能拣一些残羹冷炙聊以果腹。

狮子的悲剧就在于自私，不想和同伴分享。可是，这样自私自利，其实最容易吃亏。因为自私的人往往不能与他人和睦相处，在利益面前，自私的人永远都只想到自己，将别人视为自己获得利益的障碍，因此处处提防着别人，结果常常因为“孤军作战”而落得个“寡不敌众”的下场。

要想一滴水不干涸，唯一的办法就是把它放到大海里去。作为一个社会中的人，要体现自己的人生价值，只有投入到社会这个大海中，才能形成一股涌动的激流。自私的人固然能够得到一时的丁点好处，但长此以往，必然会“失道者寡助”。其实，独乐乐不如众乐乐，我们利己当然没有错，但有的时候，也要懂得利人。

美国有个创业家协会曾做过这样的调查，他们对美国一千多位富翁进行采访调查后，归纳出了三种最常见的发家类型：第一种为勤劳型；第二种为机遇型；第三种为利人利己型。更为有趣的是，80%的受调查者靠的是利人利己起家，并最终成为富翁的。

其中一位著名女企业家的案例更是有强大的说服力。在创业之初，她就是本着利人利己的目的起步的。比如，哪家的孩子生病了，她就为那家人联系私人医生；哪家的汽车轮胎坏了，她就会去为他们寻找修车胎的人员。就这样日复一日，她将附近所有的服务业网络都摸得很清楚，在为别人服务的期间，她还积攒了良好的公众信誉。后来，因为拥有巨大的号召力，她就开办了一家公司。

成功竟然这么简单，只做对自己有利，也对他人有利的事情就可以了。

为什么利人利己能够成功呢？

其实，利人利己有着深厚的文化根源。先人在几千年前就教导我们说：天地所以能长且久者，以其不自生，故能长生。是以圣人后其身而身先，外其身而身存。非以其无私邪！故能成其私。纵观历史上那些受人拥戴的人物，无一不是打破了狭隘的自私自利的局限，“先天下之忧而忧，后天下之乐而乐”的。因为他们始终都考虑着广大民众的利益，自然也受到民众的支持。

而且，就是在当今社会，不论各行各业，受到公众拥护和爱戴的人也是把利人放在首位，在他人的利益得到满足的同时，自己的利益也得以实现。

其次，从个人素质的提升方面来说，乐于助人、利人利己是一种境界。它不只体现了人类宽广的胸怀，更体现了人性乐观向上的一面。从经济角度来分析，利人利己本身就是最好的形象和口碑。树立了良好的形象，自然就拥有了人脉，事业怎能不成功呢？

总而言之，自私是自私者的墓志铭。想要在社会中立足，我们就必须超越自私，学会分享，在帮助别人的同时，使自己受益，这样一来，“双赢”不就是水到渠成的事了吗？

谦和忍让，忠恕宽和

我们每天都在不断地与人打交道，每个人都有自己的个性、爱好和生活方式，大家文化水平不一样，生活经历有别，如此一来，矛盾就在所难免。因此，如何处理人与人之间的矛盾，就成了人生的一个重大课题。别人犯了一点错，有的人就横加指责，毫不留情。更有甚者，会一直记挂在心上，与人交恶。

其实，人生在世，没有谁能永远不犯错，一味地咄咄逼人，不懂忍让，最后只会让自己吃亏。只有那些谦和忍让、懂得宽恕他人过错的人，才有可能成为人生赢家。

作为商人，胡雪岩很清楚把事情做绝的害处。做事时，他总是习惯于给人留下余地。

王有龄官场得意，身兼湖州府知府、乌程县知县、海运局坐办三职。王有龄在四月下旬接到任官派令，身边左右人等无不劝他，速速赶在五月一日接任。之所以有这等建议，理由很简单：尽早上任，尽早收到端午节“节敬”。

清代吏制昏暗，红包回扣、孝敬贿赂乃是公然为之，蔚为风气。风气所及，冬天有“炭敬”，夏天有“冰敬”，一年三节另外还有额外收入，称为“节敬”。浙江省本来就是江南膏腴之地，而湖州府更是富裕之地，各种“孝敬”自然不在少数。

王有龄就此询问胡雪岩的意见，胡雪岩却说：“银钱有用完的一天，朋友交情却是得罪了就没有救了！”他劝王有龄等到端午节之后再走马上任。

胡雪岩之所以这样建议，是从多方面考虑的，王有龄不是湖州第一任知府，在他之前还有前任，别人在湖州府知府衙门混了那么久，就指望着端午“节敬”。王有龄名正言顺可以抢在头里接事，抢前任的“节敬”。可是，这么一来，他无形中就和前任结下了梁子，眼前当然没事，但保不准什么时候就会“发作”。要是将来在要命关键时刻发作，墙倒众人推，落井猛石下，那可就划不来了。

胡雪岩深深明白，好处不能占绝，做事不能一点后路都不留给别人。人总得替别人想想，一个人如果把事情做得太绝，就等于是断了自己的后路。人生祸福难料，给对手留条活路就是给自己留条后路。

英国前首相张伯伦在担任英首相期间，曾再三阻碍丘吉尔进入内阁。他们政见不和，特别是在对外政策上存在很大的分歧。后来，张伯伦在对政府的信任投票中惨败，社会舆论赞成丘吉尔领导政府。出人意料的是，丘吉尔在组建政府过程中，坚持让张伯伦担任下院领袖兼枢密院院长。

丘吉尔认识到，保守党在下院占绝大多数席位，张伯伦是他们的领袖，在自己对他们进行了多年的批评和严厉的谴责之后，取张伯伦而代之，会令他们许多人感到不愉快。为了国家的最高利益，丘吉尔决定留用张伯伦，以赢得这些人的支持。

后来的事实证明，丘吉尔的决策非常英明。当张伯伦意识到自己的绥靖政策给国家带来巨大灾难时，他并没有利用自己在保守党的领袖地位刁难丘吉尔，而是以大局为重，竭尽全力做好自己的分内之事。

三十年河东，三十年河西。一个人不能永远得意，很多时候你不给别人留后路，结果也断送了自己的后路。所以说，在遇到矛盾时多替对方考虑，做事要多为别人着想，切忌伤害到别人的自尊。当遇到一些棘手的问题时，即使从原则上说你是对的，你也应该尊重别人的意见，不要和别人产生无谓的争辩。如果事实是你错了，则应真诚地道歉。

总而言之，我们都是俗世中的凡人，爱面子刚好又是凡人的弱点，因此，给别人留点面子，意味着提前为自己挣下一个可供回旋的关键台阶。其实说到底，给人面子就是不拆对方的台，言行举止处处小心谨慎，不说难听的话，不摆难看的脸色。学会互相尊重，互相体谅，毕竟顾全他人的颜面并不会给我们带来任何的实际损失，相反，我们还会因为自己的“滴水之恩”，日后有可能获得他人的“涌泉相报”。

以舍为得，成人之美

在利益面前，通常人们都会你争我抢，都想自己分到最大的利益。可是，这往往会造成两败俱伤的局面。很简单，僧多粥少，互不相让的结果就是谁也得不到。

在对待得与失的问题上，很多人的看法非常简单。认为失去了就失去了，不会再得到。其实，得与失既是对立的，又是相辅相成的。上帝关上一扇门的时候，必定会为我们敞开一扇窗。任何付出都是有回报的，生活对待每一个人都是公平的，你在一个地方失去，必然会在另外一个地方获得。世间万事都是“舍”之东隅，“得”之桑榆。

《塞翁失马》中，老人家丢了一匹马，别人都来宽慰他，他却说“这也许是一种福气”；后来，果然，那匹马给他带来了更多的马；但平白无故得了这些马，他又说这可能不是什么好事；如他所言，他的儿子骑马时摔断了腿，此时，他又说这不一定是坏事；最后，他的儿子因为腿疾而不用服兵役，免去了一场无妄之灾。这时，人们才看到老翁的智慧。

“塞翁失马”的故事正是对“得与失”的最好解释：有的时候，失去了，也是另外一种得到。

懂得以舍为得，就必须学会放弃自己的利益，多为他人着想。因为只有满足他人的利益，个人的利益才有保证。

拿人们最熟悉的推销来说，如果推销员只顾介绍自己的商品如何好，肯定不会打动人心。很简单，他没有指出商品对消费者的作用。因此，那些聪明的推销员都会站在消费者的角度来考虑，指明自己推销的商品能为消费者带来什么益处。

小猴和小鹿结伴在河边玩，忽然，小猴发现河对岸有一棵结满果实的桃树。

小猴说：“我先看到桃树的，桃子应该归我。”说完，小猴就去渡河。小鹿说：“是我先看到的，桃子应该归我。”说着，小鹿也过河去了。但小猴个矮，走到河中间，它被水冲到下游的礁石上去了；小鹿虽然到了桃树下，但它不会爬树，怎么也够不着桃子。

这时，身边的柳树对小鹿和小猴说：“你们每个人只看到自己的利益，结果谁也得不到。改掉自己顾自己的坏毛病，好好想想怎样配合才能吃更多的桃，问题不就解决了吗？”

于是，小鹿帮助小猴过了河，来到桃树下，小猴爬上桃树，摘了许多桃子，自己一半，分给小鹿一半。最后的结果自然皆大欢喜，它俩吃得饱饱的，高高兴兴地回家了。

生活中，大凡自私的人总是“我”字当头。他们总是最先考虑自己的利益，其实，这是他们心智还未成熟的一种表现。每个人都与他人有着千丝万缕的联系，如果一个人只想到自己，只为了自己的利益行事，那他是很难在这个社会中立足的。

很显然，自私的人看不到他人的需求，就不会把他人放在心上，对他人的一切都漠不关心。如果我们对他人漠不关心，那么，他人自然也不会对我们关怀备至。一味自私自利，就会在不知不觉中伤害别人，从而为自己“制造”许多敌人。因此，为了创建一个良好的人际交往环境，我们应该尽可能地为对方着想，改掉自私自利的坏习惯，培养自己的利他心。

传说明末清初，苏州乡下住着一家赵姓的农民，男主人常年在外谋生，妻子带着三个儿子在家种田。孩子渐渐长大了，这位农民把田地划为三块，分给每个儿子，他们都以种茶树为主。

有一年，这位农民带回一捆花苗，随便地将它栽植在大儿子的田边。谁知，无心栽花花自开，一朵朵白色的小花散发着淡淡的清香。有一天，大儿子发现自家的茶树都沾染了小白花的香气。他采了一筐新茶到城里卖，没想到，茶叶十多分钟就全部卖光了。消息不胫而走，前来订购“香茶”的人挤满了大儿子的庭院。这一年，赵家大儿子靠卖“香茶”发了财。

两个弟弟知道后，认为哥哥的茶好卖是父亲栽种的香花所致，因此，赚来的钱应该平均分配。哥哥当然不答应，兄弟间为此一直吵闹不休。最后，兄弟三人找到乡里的一位老秀才，让他来评评理。

老秀才得知三兄弟吵闹的原因后，说：“你们知道吗，香花就是财神菩萨，她来到这里本来是为了让你们发财，可不是为了让你们因为各自的利益而闹得四分五裂。如果这样，你们谁也得不到香花了。

老大听了老秀才的话后，首先提出把自己的地和两个兄弟换一年，让他们也发发财。可是，两个兄弟想到这样会伤害哥哥的利益，于是，他们谁也不再提分钱的事情。他们团结起来，共同栽花，你浇地，我施肥，谁也没有怨言。这样，在哥哥的帮助下，两个弟弟也都种上了开小白花的茶树，一家人共同致富了。后来，全村的乡亲在他们的带领下都发了财。

有一颗利他的心，让他人的利益得到满足，才能享受人人为我的成果。而且，这种成果通常比自己奋斗得到的成果要大得多。

很多时候，埋没天才的不是别人，恰恰是我们自己。记住，任何付出都是有回报的，生活对待每一个人都是公平的，你在一个地方失去，必然会在另外一个地方获得，世间万事都是“舍”之东隅，“得”之桑榆。

第七章　谦虚好学，把握进取法门

勤奋好学，这是许多学校的校训。勤能补拙，哪怕是不够聪明，我们也能成就自己的事业；好学上进，哪怕是能力不够，我们也能通过学习来弥补。勤奋好学就是我们走向成功的不二法门。

为学宜早，转眼白头

孔夫子曾感叹，逝者如斯夫，不舍昼夜。这个世界上或许存在一些不公平，但在时间面前，任何人都是平等的。在人生有限的时间里，如何创造更大的价值，实现自己的梦想，这是我们每一个人都需要考虑的。

很多懒惰的人把宝贵的时间都给浪费掉了，他们每日得过且过，虚度着自己的年华。只有勤奋的人、做事讲求效率的人、懂得科学支配时间的人，才会珍惜自己的时间。

理解了时间的宝贵，我们再来谈一谈它与学习的关系。

有的人认为工作就是为了挣钱，很多人都会想，要是有钱，我又何必去工作呢？抱着这样的想法，很多人就只会一门心思地盯在工作上，工作之外的事情他们很少关心。至于学习嘛，那更是抛到九霄云外去了。其实，这是人们对“学习”和“工作”以及“挣钱”这三者关系的一种误解。

在很多人眼里，工作是为了挣钱，所以，工作之外的一些事如果不能立刻带来经济效益，那也就没有必要去做。但他们不知道，其实学习正是为了更好地工作，也就是为了能够提升自己的能力。一个人要是能够不断提高自己的能力，那么，他的工作效率也就会不断提高。

著名生物学家渥沦·哈特葛伦年轻时曾是一名挖沙工人，长年累月辛苦的劳作使他萌发了必须要成就自己的人生事业的欲望——他想成为研究南非树蛙的专家。本来他不具备这方面的才能，但从1969年开始，他就把大部分时间和精力用在了研究南非树蛙上。他每天收集150个标本，共做了大约300万字的笔记，终于，他找到了南非树蛙的生活规律，并从这些蛙类身上提取了世界上极为罕见的一种能预防皮肤伤病的药物，从而一举成名，获得了哈佛大学的博士学位，并成为美国《时代》周刊的封面人物。

试想一下，如果渥沦·哈特葛伦从挖沙工转为树蛙研究者之后，不注重学习，只是抓几只树蛙来做解剖，那他还能够获得如此大的成就吗？

人生需要学习，学习需要时间。颜真卿有诗云，三更灯火五更鸡，正是男儿读书时。黑发不知勤学早，白首方悔读书迟。不珍惜时间的人，最终也会尝到自己酿的苦果。

中国传统文化中有很多故事和诗文都在劝诫我们不要浪费时间。因为时间就是生命，珍惜时间，努力学习，我们才能持续进步。

西汉时，有一个大学问家名叫匡衡。匡衡小时候就非常喜欢读书，可是，他的家里很穷，买不起蜡烛，一到晚上，他就没有办法看书。这天晚上，匡衡无意中发现自家的墙壁似乎透过来一些亮光，他起床一看，原来是墙壁裂了缝，邻居家的烛火从裂缝处透了过来。匡衡立刻想出了一个办法。他找来一把凿子，将墙壁裂缝处凿出一个小孔。立刻，一道光亮射了过来，匡衡就借着这道烛光，认真地看起书来。以后的每天晚上，匡衡都要靠着墙壁，借着烛光读书。由于从小勤奋好学，后来，匡衡成了一名知识渊博的经学家。

鲁迅先生从小就认真学习。少年时，鲁迅在江南水师学堂读书，第一学期，他的成绩优异，学校奖给他一枚金质奖章。他立即将奖章拿到南京鼓楼街头卖掉，然后买了四大名著。由于勤奋读书，后来，鲁迅终于成为我国著名的文学家。

勤奋读书的人都懂得光阴的珍贵，从小都有时间观念。而现在，许多孩子越来越没有了时间观念，做事拖拖拉拉。大人对孩子说，半个小时后吃饭，可是到那时候，他依然玩得忘乎所以；大人叫孩子要准时起床，他却老是赖床……是孩子调皮、不听话吗？不一定，很可能是他并没有明确的时间观念。

我们都应当有时间观念。这是一个变化非常快的时代，如果我们不珍惜时间努力学习，我们就会被这个时代抛弃。只有利用好每一分每一秒去学习，我们的人生才会更加充实。

知人者智，自知者明

《旧唐书·魏徵传》中有这样一句话："夫以铜为镜，可以正衣冠；以史为镜，可以知兴替；以人为镜，可以明得失。"作为唐初名臣，魏徵为唐太宗治下的开元盛世殚精竭虑。对于太宗的过错，魏徵向来直言不讳，屡屡"以下犯上"，到最后，连唐太宗自己都觉得要"以人为镜"，这样才能明白自己的得失。

人生在世，这两件事最重要：一是了解别人，二是了解自己。了解别人或许简单，毕竟，相处的时间久了，自然就会了解。但了解自己却并不那么容易。因为人的眼界存在局限性，所谓"不识庐山真面目，只缘身在此山中"，在很多人眼里，自己才是最常见的那个陌生人。

心理学上有个很有趣的实验，科学家用镜子来测试动物们是否知道什么叫自我。他们先是把一面镜子放进黑猩猩的笼中，十天之后，将黑猩猩麻醉，在它额头上点一个无臭无味的红点。黑猩猩醒来后，镜子还没有放进来前，它并不会用手去摸额头，但是，当镜子放进笼子后，黑猩猩一看到镜子中的

“倩影”，便立刻用手去摸额头，而且用力去搓，表示它知道镜中的就是自己，而且知道自己的额头上原来是没有红点的。

后来，实验者又将另一只猩猩先麻醉，给它额头上点上红点，然后把镜子放进笼子里。猩猩表现出认得镜子中的是自己，但却没有去关注额头上那个红点，更没有用手去摸红点。

这个实验很让人震惊，当一个人不晓得自己原来是什么样，就会很自然地接受目前的自己，不管自己的变化会是多么巨大，不管这个变化是好是坏，都泰然接受。但是，一旦照过了镜子，知道自己是什么样了，那么，一有非自主的改变，便会立刻发觉。已经知道便无法再假装不知道，便会在“镜子”前面一直看，所以，有没有自知是非常重要的。

为什么人要自知？因为往往只有了解了自己以后，人们才能够给自己一个定位，并正确地树立起自己的目标。在成功的道路上，人有时会变得犹豫不决。既想做这件事情，又想做那件事情，然而，越是希望面面俱到，就越会导致犹豫不决。这时，只要把这些迟疑不定的想法抛开，问题就解决了。所以，我们要选择适合自己的目标，这是非常重要的。

一个人如果对自己没有准确的定位，那是很麻烦的。要做好定位，首先要认识自己，加深对自我的了解。这不是一次可以完成的，它不仅要建立在反馈基础上的自我动态调节，也要借助别人对自己的中肯意见。

有两件学林轶闻值得我们深思。

著名的史学家方国瑜，他小时除刻苦攻读学堂课程外，还利用节假日跟从和德谦先生专攻诗词。他钦佩李白、羡慕苏轼，企望自己有朝一日也能成为一名诗人。但一晃六七年，他却始终未能写出一篇像样的诗词。1923年，他赴京求学，临行时，和德谦先生诵玉阮亭“诗有别才非先学也，诗有别趣非先理也”之句以赠，指出他生性质朴，缺乏“才”“趣”，不能成为诗人，但如能勉力，“学理”可就，将能成为一个学人。方国瑜铭记导师之言，到京后，师从名家，后来著成《广韵声汇》和《困学斋杂著五种》两本书。从此，他立定志向，投身于祖国史学研究。

著名史学家姜亮夫也有类似经历。20世纪20年代，他考入清华大学研究院。当时，他极想成为“诗人”，他把自己在成都高等师范读书时所写的四百多首诗词整理出来，去请教梁启超先生。不料，梁启超毫不客气地指出他囿于“理性”而无才华，不适宜于搞文艺创作。姜亮夫回到寝室，用一根火柴将“小集子”化成灰烬。诗人之梦醒了，从此，他埋头攻读中国历史、语言、楚辞学、民俗学等，取得一系列成果。

可见，人必须清楚地认识自己，只有认识到自己的缺点和优点后，才能够选择最适合自己的方向。任何一个人都不能在不了解自己的前提下去做盲目的选择。因为很多时候，人生并没有退路，当你了解了自己之后，做出的选择和决定会理性得多。

三人同行，必有我师

“三人行，必有我师焉”，这是被很多人们反复提及的一句话。它其实是在告诉我们，人生不应当自满，在任何时候，你都可以从别人那里学习知识。这句话也从侧面说明，每个人都有特长，我们应当多发现别人的长处，并取长补短，更好地完善自己。

现实中，一部分人取得了一丁点成就之后就目中无人，看不到别人的长处，只看到别人的不足。这类人是非常可悲的，因为他们不但学不到任何知识，而且，还会造成人际关系的裂痕。

其实，没有人是完美的，每个人身上都有值得我们学习的地方。我们的朋友、周围的同事、上司都可以是我们学习的对象。当我们进入一家公司时，周围的老员工已经在这个行业总结出了很多的经验和教训，只要我们虚心求教，大多数的同事都会教给我一些知识。

一个人的体验是有限的，而人际交往却能为人们提供互相学习、借鉴的机会。明智的人应当利用这些机会，学习别人的长处，扩大自己的视野。

熊十力是我国著名的儒学大师，学界流传过一个他“骂人”的故事。

1943年，对陆军少将徐复观来说，是他的生命中最重要的一年。因为在这一年，他成为新儒学大师熊十力的弟子。徐复观和熊十力都是鄂东黄冈人，这一年，徐复观读到了熊十力独创的新儒家哲学体系“新唯识论”，敬佩之情油然而生，遂萌发了从师之意。正好，熊十力也在重庆梁簌溟先生主持的勉仁书院教书。徐复观便试着写了一封信，表达了自己的仰慕之情。过了几天，熊十力便给他回了信。在信里，熊十力除讲了一番为人治学的道理外，还说到后生对前辈要有礼貌，批评徐复观来信字迹潦草，诚意不足。徐复观立即去信道歉。

经过几次通信后，熊十力约徐复观来书院面谈。徐复观第一次去见熊十力时，身着陆军少将军服，这次会面，徐复观向熊十力请教自己该读点什么书，熊十力向他推荐了王夫之的《读通鉴论》。然而，徐复观对熊十力的指点不以为然，说这本书他早已读过了。熊十力面露不悦之色，说：“你并没有读懂，应该再读。”过了一段时间，徐复观再见熊十力，说自己已经读完了《读通鉴论》。熊十力让他谈谈心得，徐复观就谈了许多对王夫之的批评，熊十力还未听完，就开始破口大骂。这一骂不要紧，竟骂出了一位现代新儒家。“你这个东西，怎么会读得进书！任何书的内容，都是有好的地方，也有坏的地方。你为什么不先看出他的好的地方，却专门去挑坏的？这样读书，就是读了百部千部，你会受到什么益处？读书是要先看出他的好处，再批评他的坏处，这像吃东西一样，经过消化而摄取了营养。你这样读书，真太没有出息！”这一番痛快淋漓的痛骂，骂得自我感觉良好的陆军少将呆立当场，狼狈不堪，半天回不过味来。

多年后，徐复观回忆起这一番痛骂，还满怀深情地写道：“这对于我是起死回生的一骂。恐怕对于一切聪明自负，但并没有走进学问之门的青年人、中年人、老年人，都是起死回生的一骂！近年来，我每遇见觉得没有什么书值得去读的人，便知道他一定是以小聪明耽误一生的人。”

幸运的是，熊十力的“骂”让徐复观大彻大悟，他明白了这个道理，并开始虚心学习，受益终身。遗憾的是，有些人一辈子也没明白这个道理，一直狂妄自大，最终什么也学不到，从而失去发展的机会。

范仲淹是宋朝著名的政治家和文学家，有一次，他写了一篇文章，其中有四句是：“云山苍苍，江水泱泱，先生之德，山高水长。”写成后，他请李泰伯看。李泰伯读后，一再称赞文章写得好，并建议范仲淹改动一个字，把“德”改为“风”。

范仲淹思考了一番，欣然同意。这一字确实改得很好，因为“风”字表达的范围更宽，而且能与前面的“云山”和“江水”相呼应。范仲淹对这一改动非常满意，后来，范仲淹就称李泰伯为自己的老师。

最好的老师就是那些在某个领域比我们做得更好的人，注意留心观察他们的一言一行、一举一动，学习他们处理事情的方法。如果你能做得和他们一样好，甚至做得比他们更好，你就有机会跟他们一样出类拔萃。

敏而好学，不耻下问

每个人都有自己的优点和长处，只要我们虚心向别人学习，做到取人之长，补己之短，我们就会有所进步。有的人可能在人际交往上做得比较好，有的人工作技能比我们高，尽管不是所有人都能做老师，但每个人身上都有我们值得学习的地方，因此，我们应当谦虚地向他人学习。

那么，怎样有效地向他人学习呢？其实也很简单。向别人学习的第一步是我们要摆正自己的心态，敢于向任何人请教。生活中，有的人目空一切，有的人妄自尊大，有的人还没有跨进门槛就说里面没有东西可学，实际上，他们自己已把自己拒之门外。

有一个太太总是不断抱怨对面的邻居太太很懒惰："那个女人的衣服永远洗不干净，看，她晾在院子里的衣服总是有斑点。我真的不知道，她怎么会洗衣服都洗成那个样子……"直到有一天，有个朋友到她家，告诉她不是对面邻居太太的衣服没洗干净。细心的朋友拿了一块抹布，轻轻地在窗户上擦了擦，然后说："看，这不就干净了吗？"原来，是这个太太自己家里的窗户脏了。

看到外面的问题，总比看到自己内在的问题容易些；而把错误归咎给别人，也比检讨自己来得容易。一个背向太阳的人，只会看见自己的阴影，别人看你，也只会看见你脸上阴黑一片。

一次，孔子去鲁国国君的祖庙参加祭祖典礼，他不时向人询问，差不多每件事都问到了。有人在背后嘲笑他，说他不懂礼仪，什么都要问。孔子听到这些议论后，说："对于不懂的事，问个明白，这正是我要求知礼的表现啊。"

那时，卫国有个大夫叫孔圉，虚心好学，为人正直。当时社会有个习惯，在最高统治者或其他有地位的人死后，给他另起一个称号，叫谥号。按照这个习俗，孔圉死后，他的谥号为"文"，所以，后来人们又称他为孔文子。孔子的学生子贡有些不服气，他认为孔圉也有不足的地方，于是就去问孔子："老师，孔文子凭什么可以被称为'文'呢？"

孔子回答："敏而好学，不耻下问，是以谓之'文'也。"意思是说，孔圉聪敏又勤学，不以向职位比自己低、学问比自己差的人求学为耻辱，所以，可以用"文"字作为他的谥号。

历史告诉我们，凡是对人类有杰出贡献的人，都是善于学习的人。一个善于学习的民族，国家才有希望。改革开放四十余年，我们的国家发生了翻天覆地的变化，这一切除了正确的路线指导外，还在于我们的民族向世人敞开了自己的怀抱，向他人学习，学习一切先进的东西。

中国有句古话，尺有所短，寸有所长，如果我们每个人都能虚心客观地认识自己、看到别人，就不难发现自己的不足和他人的优点。如此一来，我们身边就会多出许多学习的榜样来。只要向榜样看齐，我们就能不断地完善自己，并让自己离成功更近一些。

持空杯之心，消除已有成见

在追寻知识的道路上，没有谁可以说自己已经到达终点。古希腊哲学家苏格拉底有句名言：“我知道得越多，就越明白自己的无知。”这句话的意思很简单，知识是无限的，学海无涯，当我们明白的道理越多，就越能够明白自己需要学习的东西还有很多。所以，任何时候我们都不应当骄傲自满，哪怕是已经取得了小小的成就，我们也应当保持空杯心态，并不断地去学习。

有一个自认为自己才华横溢、智慧无双的诗人，每当听见别人说禅师很有智慧，他就满脸的不屑，后来，听多了人们不绝于口的赞叹，他决定亲自去“检验”一下。

他拜访的人是当地有名的一能禅师。听说有诗人来访，一能禅师精心准备了上好的茶叶招待。

二人客套完毕后，面对面地坐了下来。诗人首先开口，说想请教禅师一些问题。早已听说诗人“大名”的一能禅师并没有立即应允，而是指着桌上的茶杯说：“敝寺零乱，无以成敬，老衲略备了一些茶叶，恳请先生先品一下。”说罢，一能禅师便拿壶倒茶。

几秒钟之后，茶杯已经满了，可是一能禅师还在继续倒着，好像根本看不见似的。

“茶杯都满了，你怎么还倒啊？”诗人一边阻拦禅师，一边不解地问。

“因为这个茶杯是你啊。”一能禅师答。

“我？我实在不明白禅师的意思。”诗人摇摇头说。

“你的脑袋里早就装满了自己的看法，装满了自己的成见，所以根本无法再将新的东西装进去。既然如此，你让我如何向你谈禅呢？还是先把那些成见和杂七杂八的想法倒掉再说吧！”一能禅师说道。

诗人顿时满脸羞愧之色。

在当今知识经济时代，知识更新的速度越来越快。美国专家估计，每五年人类知识总和就会翻番。知识更新速度加快，其隐含的意义就是知识折旧的速度加快。因此，在这个时代，不断地学习和终生学习就成了必须。工作中，学习环境的建立由学习型组织来提供，每个人将在这样的组织中完成终生学习的任务。学习型组织认为，学习不仅是“传道、解惑”，还要承担创造新知识的任务。

不断地学习的要点强调实践，不受前人知识和经验的限制，勇于突破和创新，要有探索精神，敢于冒险，不怕犯错误。提倡积极的、认真的反思精神，对实践经验进行反思、分析和总结。

现在，人们的受教育程度越来越高，很多人觉得自己已经读了足够多的书。殊不知，学历只代表过去，只有不断地学习力才能代表将来。只有尊重前人经验、不断学习的人，才能少走弯路。

有记者问李嘉诚："今天你拥有如此巨大的商业王国，靠的是什么？"李嘉诚回答："依靠知识。"有人问李嘉诚："李先生，你成功靠什么？"李嘉诚毫不犹豫地回答："靠学习，不断地学习。"是的，"不断地学习"就是李嘉诚取得巨大成功的奥秘。

在六十多年的从商生涯中，李嘉诚始终有着旺盛的求知欲望。他每天晚上睡觉前都要看半个小时的书，学习知识、了解行情、掌握信息。据他自己讲，文、史、哲、科技、经济方面的书他都读，但不读小说。他不看娱乐新闻，认为这样可以节省时间。他在回忆过去时这样说过："年轻时我表面谦虚，其实内心很'骄傲'。为什么骄傲？因为我在孜孜不倦地追求着新的东西，每天都在进步。现在仅有一点学问是不行的，要多学知识，多学新的知识。"

李嘉诚荣膺世界华人首富以后，并没有退休养老的打算，他仍在不断地学习，每天继续在他的办公室里工作。他是一位真正"活到老，学到老"的杰出企业家。他说："不读书，不掌握新知识，不提高自己的知识储备，照样可以靠吃'老本'潇潇洒洒过日子，是旧时代不少靠某种'机遇'发财致富的生意人的心态。如今，这种心态已经不可取了。”

一个人只有不断学习新知识，才能适应日新月异的现代社会，不然，你就会被那些拥有新知识的人所超越。只有奋力追逐着时代的脚步，我们才能在现代社会的激流中领跑前行。

充分利用学习的时机

学习是一项系统而复杂的工作，需要我们投入大量的时间和精力。古往今来，常有人感叹时间的宝贵。庄子曾说过，吾生也有涯，而知也无涯。生命是有终点的，但知识却是无限的，这不得不让人感到心慌。我们当然没办法对抗生老病死的规律，我们所能做的就是充分利用每一分每一秒，将学习成果最大化。

世界建筑大师格罗培斯设计的迪斯尼乐园马上就要对外开放了，然而，各景点之间的路该怎样连接还没有具体方案。格罗塔斯心里十分焦躁，巴黎的庆典一结束，他就让司机驾车带他去地中海海滨。

汽车在法国南部的乡间公路上奔驰，这里漫山遍野都是当地农民的葡萄园。当车子拐入一个小山谷时，他发现那儿停着许多车子。原来这是一个无人看守的葡萄园。你只要在路边的箱子里投入5法郎，就可以带一篮葡萄上路。据说，这是当地一位老太太的葡萄园，她因无力料理而想出这个办法。谁知，在这绵延上百里的葡萄产区，总是她的葡萄最先卖完。

这种给人自由、任其选择的做法使格罗培斯深受启发。回去后，格罗培斯给施工部拍了一份电报：“撒上草种，提前开放。”

迪斯尼乐园开放的半年里，草地被踩出了许多条小道，这些踩出来的小道有宽有窄，优雅自然。第二年，格罗塔斯让人按这些踩出来的痕迹铺设了人行道。

1971年，在伦敦国际园林建筑艺术研讨会上，迪斯尼乐园的路径设计被评为世界最佳设计。

保持学习状态，关键就在于端正自己的态度。有的人喜欢抱怨，他们抱怨薪水太低、运气不好、怀才不遇，却没有意识到，真正的运气从来都是靠自己的努力争取来的。

李昌是公司的一名技术总监，在一次坐火车去南方某城市出游的途中，他遇到了两位二十出头的年轻人。旅途很漫长，而他又是一个健谈的人，于是，李昌主动找他们攀谈了起来。

细细了解之后，李昌才知道，原来这两个年轻人是大学同学，一个叫杨炎春，一个叫魏浩。他们俩结伴去沿海城市找工作，两人也都是特别有趣的人，李昌跟他们聊得十分投机。下车之前，他们互相留下了各自的联系方式。

后来，李昌跟他们断断续续也有联系，这两个年轻人碰到一些工作上、生活上的麻烦事儿时，也会找李昌倾诉。李昌听说他们俩进了同一家广告公司，但具体他们做得怎么样，李昌并没有打听。直到那天，李昌接到了一个电话。

电话是魏浩打过来的，令李昌诧异的是，电话接通之后，魏浩说话支支吾吾，李昌知道他可能又碰上什么烦心事儿了，于是告诉他："有什么事跟我说，不会有事的。"

打消疑虑之后，魏浩才跟李昌打开了话匣子："前辈，我跟炎春之间的关系出现了问题。"

"啊！"李昌不由得吃了一惊，这两人是大学同学，现在又是同事，这么多年的感情，怎么说出问题就出问题呢？

细问之下，魏浩才告诉了李昌事情的原委。

原来，两人在同一家广告公司工作，当时两人都是做广告策划，但是两年之后，杨炎春已经是广告部的副主编，而魏浩却还是在原地踏步，工作上没有丝毫进展。本来是同学的两个人，现在一个成了领导，一个成了下属，因为工作的原因，两人多次吵架，魏浩觉得杨炎春这是当了官就不认兄弟了，任凭杨炎春怎么解释，魏浩都不听。

知道事情原委之后，李昌问魏浩："你是不是嫉妒人家杨炎春现在混得比你好，所以心中有些不忿吧。"

魏浩倒也坦诚，他在电话那头叹了一口气，说道："要说不眼红那是假的，我们两年前毕竟还是在同一起跑线上，但是现在，他成了我的上司，我肯定会有想法。但我今天给您打电话不是来说自己的不是，而是想请教您一个问题，为什么他杨炎春就能当上副主编，我就只能原地踏步呢？"

听到他的这番话，李昌便笑着问道："你敢保证自己付出得和人家炎春一样多吗？"

李昌的话显然是说到了重点，这下魏浩不说话了，过了良久，他才回答道：“的确，炎春这两年来每天都窝在出租房里看书、做笔记，跟广告相关的书和案例他都不知道看了多少遍，这是他努力的结果。”

李昌接着问：“那你呢？”

魏浩在电话那头苦笑着说道：“我这两年干得最多的事儿就是打游戏。”

工作期间，魏浩没有继续学习，只顾着玩游戏，而杨炎春一直在学习，所以，杨炎春能够在工作中取得更大的成绩，而魏浩只是原地踏步。

其实对于我们来说，学习本身是一件很轻松的事儿。漫长的学习生涯练就了我们非凡的学习能力。在社会上立足的同时，我们为什么不能够把这股子劲儿再用到学习上呢？

一个人如果想要不断地进步，不在将来被淘汰，那么，就一定要将目光放长远，充分利用时间去学习。也不要小看碎片时间，学习从某种意义上来说就是一个不断积累的过程。只要每天学习一点点，长期坚持下来，我们就能取得进步。

英国著名生物学家达尔文每次外出考察的时候，总是撕几页书放在大衣口袋里，即便是刚买来的新书也不例外。有人问他为什么不爱惜书，他说：“我之所以撕几页书放在口袋里，是因为我在外考察的时候携带书籍不方便，但是，我有一些随时可以用来学习的空闲时间。”

抓紧一切时间，利用每一分钟学习，这是非常必要且有效的。在生活中，我们有太多的零碎时间被浪费了，如果我们能够利用好每天的时间，那么，我们就一定会取得更大的成就。

第八章　克勤克俭，培养节俭之性

成由勤俭破由奢。勤俭是一种远见、一种态度、一种智慧，克勤于邦，克俭于家，节俭是中国人一贯提倡的作风。小到一个人、一个家庭，大到一个国家，要想生存，要想发展，都离不开“勤俭节约”这四个字。

人俭则立，家俭则旺

勤劳节俭一直是中华民族的传统美德。勤劳是努力开拓，而节俭则是一种守成之道。中国人历来节俭，哪怕到了今天，节俭仍是我们这个国家社会主流认可的价值观。古人云：“俭，德之共也；侈，恶之大也”“历览前贤国与家，成由勤俭破由奢”。

节俭的意义也是重大的。小到一个人、一个家庭，大到一个国家、整个人类，要想生存，要想发展，都离不开勤俭节约这四个字。可以说修身、齐家、治国都离不开勤俭节约。诸葛亮把“静以修身，俭以养德”作为“修身”之道；朱子将“一粥一饭，当思来之不易；半丝半缕，恒念物力维艰”当作“齐家”的训言；毛泽东以“厉行节约，勤俭建国”为“治国”的经验。

有这样一个民间传说：

一位老人去世时，除了一块刻有“勤俭”的匾外，什么也没给两个儿子留下。兄弟俩分家时，便把匾从中据开，哥哥要了“勤”，弟弟要了“俭”。从那以后，哥哥每日辛勤耕作，但不知节俭生活，结果是两手空空；弟弟则省吃俭用，却不知勤劳耕作，结果坐吃山空。后来，兄弟俩仔细琢磨，他们把匾合在一起，勤俭持家，终于过上了幸福的生活。

现如今，人们对物质的欲望越来越大，对生活的要求越来越高，这本是好事，但也助长了一部分人的“奢靡之气”。有的钱原本不需要花的，他们为了炫耀或者是单纯地享受花钱的快感，也会去消费。这其中，最典型的社会现象莫过于高校学生对高端电子产品的追求。

这两年，许多学生为了能够用上高端的手机和电脑，在家庭无法给予帮助时，向一些金融借贷平台求助。他们有的贷款几千元，有的贷款数万元，为的就是满足自己不切实际的消费欲望。这就是一种没有必要的浪费和奢侈。要知道，很多人哪怕腰缠万贯，也没有去过度消费，而是保持节俭的生活。

温州人是我国的一个特殊群体，温州有很多有名的企业家，所以，一说起温州人，很多人就认为温州人非常富裕。没错，温州的总体经济发展水平的确很高，但有钱不代表他们就不节俭。

金融天才乔治·索罗斯曾说过这么一句话：赚钱，一个乞丐就可以做到；用钱，十个哲学家都难以做好。然而，温州人却恰到好处地做到了这点。温州人深知花钱如炒菜一样，要恰到好处：盐少了，菜就会淡而无味；盐多了，苦咸难咽。因此，我们看到的温州人有时是极其豪爽的，他们可以动辄将上亿元投资于慈善事业；他们对客户，坚守着“吃亏是福”的指导方针；有时他们又表现得极为吝啬，对于经营成本，他们锱铢必较，住最廉价的房子，吃最便宜的饭菜，他们视节俭为一生中最重要的品质。

很多人因此认为温州人很傻，拼命赚钱，却对自己的生活近乎苛刻。殊不知，温州人才是世界上最会算计的商人。他们常常以自己孩子的名义来做慈善活动，以此让孩子从小就树立“予人玫瑰”的观念，品尝“手有余香”的甜蜜。

美国石油巨头洛克菲勒也是一个懂得节俭之道的人。洛克菲勒虽然拥有了巨额财富，但他生活依然非常俭朴，而且，他时时刻刻都在给他的儿女们灌输节约的观念。

洛克菲勒曾指着13岁的女儿对别人说：“这个小姑娘已经开始挣钱了，你根本想象不到她是怎么挣的。我听说煤气用得仔细，费用就可以降下来，便告诉她，每月从目前的账单上节约下来的钱都归她。于是，她每天晚上四处转悠，看到没有人在用的煤气灯，就去把它关小一点儿。”他不厌其烦地教育孩子们勤俭节约，每当家里收到包裹，他总是把包裹纸和绳子保存起来。为了让孩子们学会相互谦让，他只买一辆自行车给四个孩子骑。只有懂得劳动不易的人才知道节俭，并能创造更多的财富。为此，洛克菲勒还十分注重培养孩子们的劳动能力。

古语说，人俭则立，家俭则旺。无论是个人消费还是持家，我们都应以身作则，树立节俭的意识，不过度消费。

欲壑难填只会让人痛苦

人活在世上，除了有基本的生存欲望以外，还有各种各样的欲望，其中就包括实现自我。正是因为有了实现自我的欲望，人们才会努力地进取和开拓。可以说，某种程度上，人类的欲望是促进社会发展的动力。

但凡事过犹则不及。欲望是无止境的，太强烈的欲望会造成种种痛苦和不幸。这样的故事在历史上也是屡见不鲜。

清代小说家吴敬梓在《儒林外史》中刻画了严监生这样一个吝啬鬼的形象。他对金钱有着近乎病态的追求，虽然他非常富有，但他仍然不满足。他靠经商为生，也靠剥削他人敛财。固然，有人认为严监生节俭，但实际上，他的节俭并不是为了造福社会，而是纯粹地爱钱惜财。

国学大师南怀瑾先生曾说，人的欲望是个无底洞，如果不加节制，永远不会有满足的一天。其实，我们所需的不过是一日三餐、三尺睡床，何必贪得无厌、自找烦恼呢？

当然，人不能没有欲望，因为没有欲望就没有前进的动力。但人不能有过重的贪欲，因为贪欲是个无底洞，你永远也填不满。所谓欲壑难填，就是这个道理。

在物欲横流的现代社会，如何控制好自己对名利的欲望，不仅关系到当下的人生，也关系到我们每天的心情。

生命属于个人，每个人都有权利追求自己的梦想。所有的心愿，只要符合法律和道德的要求，都应该受到尊重。但是，我们必须明白，生命的过程中，一切物质都是不可靠的奴仆，想让自己的人生得以升华，就必须放下这些本性之外的东西，这样才能活得惬意，活得洒脱。

有这样一个故事：

一位农夫每天早出晚归，耕种一小片贫瘠的土地，他每天辛勤劳作，收获甚微。一位天使可怜农夫的境遇，就对农夫说，只要他能不停地跑圈，他跑过的土地就全部归其所有。于是，农夫兴奋地朝前跑去，跑累了，想停下来休息一会儿，然而，一想到还需要更多的土地，他又拼命地往前跑……有人告诉他，“你到了该往回跑的时候了”。农夫根本听不进去，他只想得到更多的土地，于是，他继续拼命地向前跑去，结果，农夫因心衰力竭，倒地而亡。

贪婪是一切祸乱的根源，一个欲壑难填的人纵使能够感受到欲望被满足时带来的快乐，也避免不了欲壑难填时的痛苦。

一间蜂蜜工厂的仓库里洒了很多蜂蜜，蜂蜜吸引了许多苍蝇。因为蜂蜜太香了，苍蝇都舍不得离开。不久，这些贪吃的苍蝇都因脚被蜂蜜粘住而飞不了。当它们快死时，一只苍蝇很难过地说："我们真是太贪心了，为了短暂的快乐，却赔上了自己宝贵的生命。"

生活中，不断膨胀的物欲几乎占据了现代人全部的空间和时间，许多人每天都忙着应付这些事情，几乎连吃饭、喝水、睡觉的时间都没有。他们只想要赚更多的钱，找更好的工作，升更高的职位，住更大的房子，开更豪华的车，然而，一旦拥有这些东西之后，一些人反而会感觉迷茫：花了半生的力气去追逐这些东西，表面上看来，该有的差不多都有了，可是为什么自己却并没有变得更满足、更快乐？

人的欲望是没有止境的，如果我们不放弃一些东西，我们的心就会越来越沉重，快乐就真的离我们而去了。因此，我们要学会保持平常心。少一点欲望，就会多一些快乐。

《菜根谭》中说："爵位不宜太盛，太盛则危；能事不宜尽毕，尽毕则衰；行谊不宜过高，过高则谤兴而毁来。"意即官爵不必达到登峰造极的地步，否则就容易陷入危险的境地；自己得意之事也不可过度，否则就会转为衰颓；言行不要过于高洁，否则就会招徕诽谤或攻击。

前几年特别流行一种生活哲学，叫"八分饱的人生"，它字面的意思很简单，是指饭不宜吃得过多，最好是吃八分饱。其实，我们为人处事也应该遵循"八分饱"的尺度。所谓人生的"八分饱"，指的是为人处事行止有度。北宋哲学家邵雍曾云："知行知止唯贤哲，能屈能伸是丈夫。"行于其所当行，止于其所当止；屈于其所当屈，伸于其所当伸。对自己不放纵、不任意，对别人不挑剔、不苛求，对外物不贪恋、不沉沦。该享受则享受，当劳累便劳累，依理而行，循序而动。如果必须，做得天下，若非合理，毫末不取。

放眼四望，能做到“八分饱”的人实在不多。在当今社会的各个角落，“被撑死”或“被撑坏”的人处处可见。破产的企业家、入狱的官员，这些所谓的“精英”在名、利、色的诱惑之下，贪婪地索取着，直到“撑死”。精英尚且如此，平常人又会高明到哪里去？

乐不可极，乐极生悲；欲不可纵，纵欲成灾。酒饮微醉处，花看半开时。贪婪者往往被物所役而利令智昏，而深味八分饱者却能役物。一个人只有役物，才能在物欲横流的社会中保持积极的人生态度。

知足常乐，经得起诱惑

所谓知足，其实就是珍惜并满足当下所拥有的。在现实生活中，有太多的人并不知足。下面这个笑话就很好地说明了这个现象。

有个可怜的人死后进入了天堂，他对着上帝哭诉自己在人间遭受的种种苦难。仁慈的上帝决定在这个人下一次投胎时，让他过上美好的生活，于是，上帝问他："告诉我你的愿望，我将在你下次投胎时尽量满足你。"

他回答："我希望我很有钱，很有才华，长得英俊潇洒，能获得最高的学位，当上高官，成为有名望的人，别墅、香车不能少，当然，还要有一个美丽贤惠的娇妻和一对聪明伶俐的儿女……"

他的话还没有说完，上帝就打断了他，说："老兄，世界上如果有这么美好的事情，我还不如把我的位子让给你，由你安排我投胎去那里算了！"

其实，我们对现状的不满足，说到底是因为我们太贪婪。对于原生家庭，我们会埋怨父母不够富贵，不能让我们含着金汤匙出生；对于子女，我们可能会埋怨他们不能如龙似凤。我们总是对我们所拥有的感到不满足，总是期望能得到更好的东西。

《解人颐》中说："终日奔波只为饥，方才一饱便思衣；衣食两般皆供足，又想娇容美貌妻；娶得美妻生下子，恨无田地少根基；买得田园多广阔，出入无船少马骑；槽头拴了骡和马，叹无官职被人欺；县丞主簿还嫌小，又要朝中挂紫衣；做了皇帝求仙术，更想升天把鹤骑；若要世人心里足，除非南柯一梦兮。"欲望的沟壑总是难以填平，所以，人们总是在不断地追逐。

人应当知足，因为知足才是一种积极的心态。它能使人感到平静、安详、达观、超脱；不知足使人骚动、搏击、进取、奋斗；知足智在知不可行而不行，不知足慧在可行而必行之。若知不行而勉为其难，势必劳而无功；若知可行而不行，这就是堕落和懈怠。

懂得知足，我们才能用一种超然的心态去面对眼前的一切，不以物喜，不以己悲，不做世间功名利禄的奴隶，也不为凡尘中事所烦恼。懂得知足，我们才能在眼花缭乱的世相百态面前凝神静气，坚守自己的精神家园，执着地追求自己的人生目标。懂得知足，我们的生活才会多一些光亮，不必为过去的得失而感到后悔，也不会为现在的失意而烦恼。

曾经有一个国家，这个国家拥有世上最美丽的风景、最丰饶的土地和最善良的人民。但是，即使如此，这个国家的国王也并没有感觉到幸福。他总是觉得生活中缺少了什么。国王用尽一切办法想要让自己开心起来，他命令他的子民们为他献上世间的奇珍异宝，他找来全国最优秀的马戏团，他甚至下令全国各地将最美丽的女子献给他……但是，国王总是在最初的几天很高兴，几天过后，他便重新愁眉苦脸。

后来，一位智者告诉国王，其实，解决的办法非常的简单，就是让国王到全国各地都转一转。等回来之后，他一定会和现在判若两人。国王半信半疑，最终还是采纳了智者的建议。

在富商的家里，他只看到了贪婪的欲望。在读书人的家里，他只看到了渴望功名的虚伪。在全国闻名的艺术家那里，他只看到了维护盛名的焦虑。看得越多，国王越是迷惑。最后，国王路过一个茅草屋外，被屋内欢乐的笑声吸引。国王下马，敲响了这家人的木门。开门的是一个年轻的农夫，农夫不知来人就是国王，既没有近乎谄媚的殷勤，也没有冷漠地将他拒之门外，而是热情地将他迎进屋里。

国王问农夫："为什么你没有豪宅锦衣，也没有盛名权势，却是如此快乐呢？"农夫回头看了看妻子和孩子，笑着说："我有什么不幸福的呢？我有爱我的妻子，不是比千金更加珍贵？我有健康的孩子，他的一声'父亲'比任何名声都更加难得！我还有健康的身体，我很知足。可以说，就算是国王，我也不羡慕。我很幸福。"听完这番话，国王终于懂得了幸福的真正含义。

其实幸福可以很简单，就是懂得知足，学会克制欲望。

一粥一饭当思来之不易

清朝学者朱柏庐曾写下了这样一句话：一粥一饭，当思来之不易；半丝半缕，恒念物力维艰。勤俭节约本就是中华民族传承了数千年的良好习惯，但是，如今，在我们还没有实现全民富裕的时候，就出现了很多铺装浪费的现象，这难道不是与我们的传统背道而驰吗？

有的人觉得，没钱的时候节约是无可奈何，有钱了之后，难道不应该对自己好一些吗？当然，我们从来不会反对人们正常地消费。但是，请思考，我们生活中的很多浪费行为难道是值得提倡的吗？

抗战时期，冯玉祥将军应邀到重庆一所达官贵人子弟云集的中学发表抗日演讲。当他在学生食堂看到有很多同学将没吃完的馒头和馒头皮扔掉时，忍不住拾起来，掰开剩馒头就吃。他对学生们说：“古人都知道‘谁知盘中餐，粒粒皆辛苦’，你们却把这一条忘了，实在令人痛心哪！”

现如今，许多父母放松了对孩子的教育。在许多家庭里，独生子女是当仁不让的“中心”，家庭条件好的自不必说，就是条件不太好的，家长宁愿从牙缝里省出钱，也要满足孩子的愿望。富足的生活对孩子有利无害，但是，如果家长缺乏正确的引导，则会对孩子产生不良影响，甚至使孩子误入歧途。人们的生活水平提高了，节约的传统美德被很多人淡忘了。有的孩子认为勤俭节约是丢面子、是小气，很多人花钱大手大脚，甚至讲排场、比阔气，错误地把浪费当成一种时尚。而实际上，从小让孩子养成勤俭节约的好习惯，必将使孩子终身受益。

要想让孩子养成节约的习惯，则需要靠家长去言传身教。如果人人从节约一度电、节省一滴水做起，加起来就是一个了不起的成就；只要我们把勤俭节约的好传统一代代发扬光大，我国的经济发展就能获得持久的动力。

一位母亲曾讲了这样一个故事：

她在听了环保讲座后对女儿解释为什么要节约用水。“因为我们城市的地下水位低，气候又比较干燥，而用过的污水都被排到了大海，回不到地下水中，这样，最终就会造成水源枯竭。所以，我们每个人都要节约用水。”从那以后，她经常听见7岁的女儿向她喊：“别浪费水啦，不洗就关上。”

当前，我国正在致力于打造一个节约型社会，这需要我们全民自上而下、从老到幼一起行动起来。成年人除了以身作则之外，还有必要起带头作用，给孩子们灌输正确的消费观念和节约意识，让“勤俭持家”的观念深入人心，让节约成为每个人的生活习惯。

第九章　孝敬亲老，心怀感恩之心

百善孝为先，这是古人的告诫，也应当是我们对自己的要求。一个人如果不能善待自己的父母，那我们又有什么理由相信他是值得交往的人？孝敬父母，懂得感恩，这在任何时候都不会过时，我们不光要继承传统文化中的感恩孝亲文化，还应当将它继续发扬光大，为和谐家庭以及和谐社会贡献自己的一点力量。

千经万典，孝义为先

自汉武帝“罢黜百家，独尊儒术”以来，历朝历代都将儒家的“孝”作为治国思想。“以孝治天下”也使得中国的孝文化得到前所未有地弘扬。胡适先生曾感叹，“我在30年前曾主张废止读经，经过30年以后，我又要提倡读经，尤其特别要提倡读《孝经》”。胡适先生这段话也从一个侧面反映了孝道在中国传统文化中的重要地位。

家庭是这个社会的细胞，也是国家的基本单位，家庭和睦，国家才能和谐。而孝文化则是令家庭和睦的润滑剂。

那么，什么是孝呢？从字面意思理解，孝是指善待父母，其本质是子女对父母的敬顺。一般来说，它包含以下六点：第一，赡养父母；第二，敬重双亲；第三，让老人心情愉悦；第四，规劝父母不做出错误言行；第五，不做有损父母声誉道义的事；第六，不做无谓的有损父母所给予的躯体健康的事。

传统文化中，对“孝”的推崇随处可见。

北魏时，房景伯担任清河郡太守。一天，有个老妇人到官府控告儿子不孝，回家后，房景伯跟母亲崔氏谈起这事，并说准备治那个不孝子的罪。崔氏是一个知书达理、颇有头脑的人，她得知情况后，说道："普通人家子弟没有受过教育，不知孝道，不必过分责怪他们。这事就交给我来处理好了。"

崔氏派人将老妇人和儿子接到自己的家里，崔氏每天同老妇人同床而睡，一同进餐，让不孝子站在堂下，观看房景伯是怎样侍候两位老人的。不到十天，不孝子羞愧难当，承认自己错了，请求与母亲一起回家。崔氏后来对房景伯说："这人虽然表面上感到羞愧，内心并没有真正悔改。姑且再让他住些日子。"又过了二十几天，不孝子为房景伯的孝顺深深打动，真正有了悔改的诚意，不断向崔氏磕头，答应一定痛改前非，老妇人也替儿子说情，这时，崔氏才同意他们母子回家。后来，这个不孝子果然成了乡里远近闻名的孝子。

一个人连自己的父母都不关爱，又怎能去爱别人、爱工作、爱社会、爱国家呢？古语说，百善孝为先，一个没有孝心的人，是不能被寄予厚望的。

2018年3月，湖南常德澧县的一位村民彭某因为一点小事，殴打其90岁的母亲，被其他村民拍照并上传至互联网。这一"近乎禽兽"的恶行引起了整个社会的愤怒。

事发之后，当地警方立即采取行动，对事件展开调查。调查发现，遭到殴打的老人存在智力障碍，经常在家中躲藏，儿子彭某对此不胜其烦，所以对母亲大打出手。

事实查明后，彭某由于涉嫌虐待家庭成员，被当地警方依法刑事拘留。

对大多数网民而言，彭某被刑拘可谓是大快人心，但这个案例也从侧面说明，当今社会，有些人已经没有了孝敬父母的意识，轻则对父母冷漠，重则打骂，着实令人心寒。

令人欣慰的是，我国不少地方启动了“孝心工程”，有些学校开设了“孝敬课”，这些学校规定，父母生日、“三八”妇女节、每周周末为学生的“孝敬日”，培养学生爱父母、爱家庭、爱他人的思想。南京市教育部门还规定，将每年的重阳节定为“中小学生孝敬日”，并把它列入精神建设体系之中，开展孝心教育。由此可见，重视孝心的培养已经成为许多有识之士的共识。

一个孝顺的人，首先要有一颗善良、仁慈的心。高尔基说：“世界上的一切光荣和骄傲，都来自母亲。”英国诗人华兹华斯充满激情地说道：“父亲！对上帝，我们无法找到一个比这更神圣的称呼了！”父母永远是我们生命中最重要的人。

孝顺说来其实很简单，只要我们有一颗真正爱父母的心就足够了！孝顺父母并不是需要我们给予父母多少金钱，更重要的是，我们要理解父母、尊重父母，能有更多的时间陪伴父母。

孝亲敬老，尊重师长

中国历来都是一个“敬亲尊师”的社会，在封建社会，许多家庭都将“天地君亲师”的牌位供奉家中。历代帝王也都是以“孝子”自居，有的皇帝更是以“孝”为谥号。

在古代中国，一个人若是不孝顺父母，他不但会受到道德的谴责，还可能会被官府责罚。现代社会，读过“二十四孝”故事的人已经不多了，当然，“二十四孝”故事有其历史局限性，有些故事还带有一定的迷信色彩，有些孝行则属于愚孝。我们现代人应该积极、辩证地看待这些故事，不要以现代人的观点去要求古人，而是应该吸取其精华，悟出其中的积极意义。更重要的是，我们要弘扬孝道美德，践行孝道义务，做一个孝敬长辈的人。如果一个人对生养自己的长辈都没有孝心，很难相信他会对别人有爱心，对事业有忠诚，因此，这种人也很难得到他人的信任。

在现代经济社会中，传统家庭体系和家庭关系无论形式还是内涵都发生了变化，植根于家庭的“孝”也随之发生了变化。在激烈的市场竞争中，人们的工作方式、生活方式都发生了变化，年轻人大多早出晚归，甚至与父母在不同的城市，在此意义上，形成了很多“空巢家庭”。于是，子女的孝大多只体现在物质满足上，愉悦父母这一精神层面的“孝道”从某种意义上看已经出现了缺失。也许，我们认为让父母衣食无忧，就是尽了孝心，然而，父母在想什么、他们有些什么烦恼、他们又有怎样的心愿？你都知道吗？我们看到，住在高档社区的老人一样没有幸福感，这是为什么？单纯物质上的丰富并不能填补老人内心的空虚，深入老人的内心世界，从老人的真正需求入手，也许才是儿女的孝顺之道。

再说尊重师长。古语有云：“国将兴，必贵师而重傅”，“师者，人之模范也”，“人有三尊，君父师是也”。这些语句充分体现了中华民族“尊师”的道德观念。古代流传下来许许多多这方面的故事。如《子贡尊师》《魏照尊师》《李世民教子尊师》《张良拜师》《陆佃千里求师》《程门立雪》等等。而“重道”是我国传统文化的重要特征。我国传统上把学问知识分为“道”“经”“术”三个层次。“道”是最高的学问；“经”是对“道”的阐述；“术”是实践“道”的手段和方法。

无论是中国还是外国，人们都对自己的老师十分尊重。1903年，居里夫人发现了一种新的物质——镭，这一发现震惊了全世界。

居里夫人的法语老师最大的愿望是重游她的出生地——法国北部的第厄普。可是，她付不起由波兰到法国的一大笔旅费。

居里夫人当时正好住在法国，她非常理解老师的心情，不但代付了老师的全部旅费，还邀请老师到家里做客。居里夫人的热情接待使老师感到像回到了自己家里一样。

1932年5月，华沙镭研究所建成，居里夫人回到祖国参加落成典礼。许多著名人物都簇拥在她的周围。典礼将要开始的时候，居里夫人忽然从主席台上跑下来，穿过捧着鲜花的人群，来到一位坐在轮椅上的老年妇女面前，深情地亲吻了她的双颊，亲自推着她走上了主席台。这位老年妇女就是居里夫人小时候的老师。在场的人都被这动人的情景所感动，热烈地鼓掌，老人也流下了热泪。居里夫人成为一个伟大的科学家之后，仍旧没有忘记曾经传授给她知识的老师。

一代伟人毛泽东也留下了许多尊师重教的佳话。徐特立先生是我国杰出的革命教育家，也是毛泽东的老师，毛泽东对徐特立老师一直很敬重。1937年，当徐特立六十寿诞之际，毛泽东特意写贺信给老师祝寿。他在信的开头写道：“你是我二十年前的先生，你现在仍然是我的先生，你将来必定还是我的先生。”

其实，孝亲敬老与尊师重道本质上都是一样的，其核心内涵都是要求我们学会感恩。父母对我们有养育之恩，老师对我们有传道授业之恩，一个懂得感恩的人也一定孝亲尊师。

感恩亲情，回报父母

中国孝文化源远流长，流传下来了许多动人的作品，这其中就包括蜀汉遗臣李密的《陈情表》。

李密出生不到六个月，父亲过世，四岁时，母亲改嫁。祖母刘氏心疼李密，将其抚养长大。后来，晋武帝征召李密为官，这本是古代读书人的无上荣光。但李密念及祖母年迈，特写下《陈情表》，陈述祖母的不易，表示自己要先尽孝道。其中一句“臣无祖母，无以至今日，祖母无臣，无以终余年”，读来令人落泪。所以，有人说：“读《出师表》不流泪是不忠，读《陈情表》不落泪是不孝”。

李密父亲过世，母亲改嫁，其祖母就如同他的亲生父母，他也用自己的实际行动表达了对祖母的感恩。

感恩是一种心态，更是一种行动。羊有跪乳之恩，鸦有反哺之义，我们成人后，父母便行将老去。此时，他们不光需要我们的感恩心态，也需要我们的实质回馈。

有人认为，父母要的从来不是物质，更重要的是儿女的那份心意。现在社会上有很多有关“啃老族”的新闻，有些人已经到了成家立业的年龄，却连自己都养不起，靠“啃”父母的养老金为生。他们就没有孝顺父母的那份心么？不，他们未必没有孝敬父母的心意。但是，光有心意有什么意义呢？他们的父母老了，却还要为儿女的将来忧心忡忡，无法安度晚年，这样的人又谈何孝呢？

古人有云：仓廪足而知荣辱。可见，精神进步的前提是物质上的满足。孝顺不能只是嘴上说得好听，得有实际行动才行。

当父母生活困难的时候，你没法给予物质帮助，就不能做到真正的孝顺；当父母生病的时候，你无法在身边照料，这也不算是真正的孝顺。“父兮生我，母兮鞠我，拊我蓄我，长我育我，顾我复我，出入腹我。欲报之德，昊天罔极。”父母生我养我的恩德是那么的大，难以报答，而赡养父母，让他们安度晚年，只是孝顺父母的基本要求。

回报父母需要身体力行，除了精神上的关心之外，我们更应将其落到实处，以实际行动来关心他们。

子路是春秋末鲁国人，在孔子的弟子中，以勇敢闻名。子路小的时候家里很穷，长年靠吃粗粮野菜等度日。

有一次，年老的父母想吃米饭，可是，家里一点米也没有，怎么办？子路想，要是翻过几道山到亲戚家借点米，不就可以满足父母的这点要求了吗？于是，小小的子路翻山越岭走了十几里路，从亲戚家背回了一小袋米，看到父母吃上了香喷喷的米饭，子路忘记了疲劳。邻居们都夸子路是一个勇敢孝顺的好孩子。

东汉时的黄香是历史上公认的“孝亲”的典范。黄香小时候，家境困难，10岁时失去母亲，父亲多病。闷热的夏天，他在睡前用扇子帮父亲赶蚊子，扇凉父亲睡觉的床和枕头，以便让父亲早一点入睡；寒冷的冬夜，他先钻进冰冷的被窝，用自己的身体暖热被窝后，才让父亲睡下；冬天，他没有棉袄穿，为了不让父亲伤心，他从不叫冷，表现出欢呼雀跃的样子，好让父亲宽心。

树欲静而风不止，子欲养而亲不待。古时候流传下来这样几句歌谣：“儿子一日长一日，爹妈一年老一年。劝人及时把孝尽，兄弟虽多不可攀。若待父母去世后，想着尽孝难上难。纵有猪羊灵前祭，爹妈何曾到嘴边。不如活着吃一口，粗茶淡饭也香甜。”说得实在太有道理了，与其死后哭断肝肠，后悔曾经的许诺未曾兑现，不如生前善待老人，从些许小事做起，从现在做起。

也许，我们无法永远与父母待在一起，但我们可以努力做孝顺的子女。从细微处入手，从平常的一点一滴做起。

尊敬老人，就是尊重自己的未来

尊敬老人是中华民族的传统美德。老人们辛勤一生，为社会做出了贡献，为抚养子女殚精竭虑，他们也是值得尊敬的人。尊敬老人既是对老人的关心和照顾，也是对自己的一种尊重。

1959年，毛主席回到了阔别多年的故乡湖南韶山。在短暂逗留的日子里，他特地请家乡的老人吃饭。席间，他向一位70多岁的老人敬酒，那位老人说："主席敬酒，岂敢岂敢。"毛主席说："敬老尊贤，应该应该。"这件事一时传为佳话。

社会结构的变化使得人们的观念发生了变化。以当下来说，有人说80后、90后独生子女群体是当下压力最大的一群人。因为独生子女结婚后，就意味着两个年轻人要赡养四位老人。的确，在健全的养老体系形成之前，子女仍然需要承担赡养老人的义务，这也是农村地区养儿防老思想至今存在的原因之一。但我们也应该看到，一些年迈的父母非但不需要儿女出钱赡养，反而会贴补子女，帮助他们买房、买车、成家立业。以人之常情来看，善待老人不也是理所应当的吗？

有这样一个广为流传的故事：

古时候，有个不孝子非常厌恶自己的老父亲，后来，老父亲病重，他没钱给父亲医治，便打算将父亲背到荒无人烟的山里，让他就地等死。

这个不孝子的儿子也在一旁，他见父亲把爷爷放下后就走，问："父亲，为什么不管爷爷了？"

不孝子说："他老了，我没钱治他的病，让他听天由命吧！"

儿子记住了这番话。

若干年后，不孝子老了，老来一身病，疼痛难忍的他希望儿子能请个大夫来。儿子二话不说，就拉他起身，然后朝着山里走。

他问儿子："儿啊，你这是要背我去哪儿？"

儿子冷冰冰地说："背你去爷爷那儿，你也听天由命吧！"

当然，在文明社会，这类事情很难发生了，现实中，也有非常多的孝顺孩子，他们把老人当成孩子一般疼爱，这类故事也常常见诸报端。

现在许多学校都会开展"尊老爱幼"教育，连许多小孩子都知道要尊敬老人了，他们扶老人过马路，在公交车上给老人让座。虽然这些孩子们与老人无亲无故，但这难道不也是一种“孝”吗？

敬老爱老的美德是黑夜里的一盏灯，是寒冬里的一把火，是沙漠中的一泓泉，是久旱时的一场甘霖。其实，尊敬老人就是尊重自己的未来。一个人只有懂得了尊敬老人，那么，他年老的时候才配得到别人的尊重。

我们要明白，岁月无情催人老，我们长大了，父母一定会老去，而当我们的孩子长大了，我们同样会老去。因此，我们从现在开始就应该尊敬老人、善待老人，让他们的晚年生活更加幸福。

上慈下孝，家门两旺

传统文化中，最好的家庭一定是“上慈下孝，家门两旺”。道理很简单，在一个家庭中，长辈慈祥，晚辈孝顺，家庭兴旺，子孙便会兴旺。其实，上慈下孝与家门兴旺之间存在一定的因果关系。一个家庭中，如果长辈慈祥、晚辈孝顺，那么，这个家庭有很大的概率会因此而兴旺。

京剧大师梅兰芳是一位爱国主义者，深受人民群众的景仰，他被誉为“世界上独树一帜的中国戏剧文化的代表”。看到他的名字，人们仿佛看到了梅花的凌寒气质，闻到了兰花的馥郁芬芳。

梅家从梅巧玲到梅雨田、梅竹芬，到梅兰芳，再到梅葆玖，除梅雨田为琴师外，四代人都是“旦角”。梅兰芳4岁丧父，在祖母、伯父、母亲的扶持、教育下，刻苦学艺，从艺术和家风上均继承了梅家的祖风，将梅派艺术发扬光大，成为中国现代京剧史上改革创新的先锋。

在日寇侵我山河的岁月里，梅兰芳蓄须明志，息影舞台，艰难度日，体现了京剧艺术家的崇高民族气节，令后人感佩景仰。

从不疾言厉色、绝不打骂孩子的梅兰芳曾说过：“把孩子吓傻了，他就更听不懂了。不厌其烦地解说，总能让孩子明白的。”经常有人向他请教培养子女的经验，梅先生总是淡淡地说：“尊重孩子就像尊重观众一样！”

梅兰芳一生律己甚严，他不但把自己的表演艺术传给诸多弟子和儿子梅葆玖，同时把梅家谦虚谨慎、俭朴随和、乐善助人的纯朴家风传给了子孙后代。

作为成年人，我们处在老人和孩子中间，也是维系家庭的核心纽带，要想让家庭变得更加兴旺和谐，我们就要孝顺父母、爱护孩子。

作为长辈，我们要上慈。为人父母，我们应当呵护孩子，懂得关心、爱护、引导，并教育他们。对孩子而言，父母就是天，对孩子的关心和爱护能够帮助他们尽快地成长起来。

现实生活中，存在很多剑拔弩张、疏离冷淡的亲子关系，归根结底，还是因为父母不能够以一种平等民主的姿态去关爱孩子。因此，身为父母，我们一定要找出问题所在，给孩子营造最好的成长环境。

作为晚辈，我们应当孝顺父母。父母对我们有养育之恩，一个人如果不知道去孝敬自己的父母，那他就不可能尊重身边的每一个人。所以，作为子女，我们应当以孝为先，要孝顺父母，善待双亲，让年迈的父母老有所依，安享晚年。

当我们对上孝顺、对下慈爱时，就能够在家庭中树立一种良好的家风，这种家风也会渗透到家庭的每个成员心中。

有这样一个女孩，她早早结婚，与丈夫和孩子住在自己的家里。由于平时工作很忙，她很少能抽出时间来陪陪自己的父母，也不怎么给父母打电话，只是逢年过节的时候会去父母家，算是尽儿女之责。因此，她跟父母的感情很淡漠。

因为平时工作很忙，她也没有太多时间陪孩子，周末的时候，她就想自己放松一下。所以，两个孩子跟她也不是很亲。

对此，她也很是苦恼。一次偶然的机会，她在路边的书店里看到了一本有关亲情方面的书，这本书彻底打动了她，她怔怔地看着书，眼睛里闪着泪花。

一下子改正过来很难，但是，她开始慢慢地改。她试着每周都和父母通一次电话，每个月带着孩子去看望父母。对孩子，她也开始上心了，下班回家后，她不再只顾着自己看电视、玩手机，开始抽出时间陪孩子，每个周末都带孩子出门玩耍。

后来，她觉得家庭变得更加和睦了。更神奇的是，家庭的和睦也作用于她的事业，工作上，她也屡创佳绩，短短一年多的时间，她就成了部门负责人。

其实，原因她一直都知道：因为家庭的和睦让她的心情更愉快，所以，工作时她能够更加专注，因此，她的工作成绩自然变得更加出色了。

家和万事兴。只有上慈下孝，万事才能兴盛。当今社会，许多人总是处理不好家庭和事业的关系，其实，我们应该尽早认识到，只有家庭和睦了，我们的事业才能兴旺，我们的人生才能够更加辉煌。

第十章　自强不息，在逆境中成长

人生有顺境，也有逆境，这是谁也无法避免的事儿。遇到逆境并不可怕，只要我们自强不息、永不绝望，就能在逆境中成长，实现自己的价值。

人生不怕起点低

“没有花香，没有树高，我是一棵无人知道的小草。”这句歌词很多人都听过，而且大家普遍觉得这是自己的真实心声。很多人都愤愤不平：老天爷实在是太不公平了！为什么有的人含着金汤匙出生，有的人一出生就家徒四壁，从小就得饱尝生活的艰辛呢？

这是一个谁也无法回答的问题。人的起点确实不一样，我们每个人都无法选择自己的出生环境，然而，这并不代表起点低的人就注定一生平庸。

《孟子》中有云：“天将降大任于斯人也，必先苦其心志，劳其筋骨，饿其体肤，空乏其身，行弗乱其所为，所以动心忍性，增益其所不能。”

这篇文章我们在中学时代都学过，只是中学时代的我们没有多少人生的阅历，当时还不能对这篇文章产生太深的体会。对于出身贫寒、人生起点低的人，孟子的这段话至少向我们传达了一个道理——英雄不问出身，只要我们自强不息，就一定能在艰难困苦的环境中成长，赢得改变命运的机会。

牛根生很小的时候，被贫穷多子的亲生父母以50元钱卖给一对夫妇。他的养父给他取名为“牛根生”，其用意大约是希望这个苦命的孩子能像大树一样，生根发芽，长得茂盛。后来，他的养父母也相继去世。

牛根生进入了伊利的前身——呼和浩特市回民奶食品总厂。在回民奶食品总厂，牛根生的工作是清洗装牛奶的瓶子。即使在这个时期，贫困也一直伴随牛根生。

进入回民奶食品总厂后的牛根生，并没有因为自己端上了铁饭碗而满足。他努力工作，积极上进。由于成绩卓越，只用5年时间，他就从班组长、工段长升为车间主任、分厂副厂长，直至分厂厂长。接下来，在1992年，他坐上了早已更名为伊利集团副总裁的位子。

当一个穷孩子通过自己的努力有了一番成就的故事正在按部就班地演绎时， 1998年底，牛根生被内蒙古伊利集团免去生产经营副总裁一职。

命运多舛——用这四个字来形容牛根生的前半生最为贴切。但对于从一个又一个困境中走过的牛根生来说，这些已经算不上什么了。

艰难困苦，玉汝于成。

岁月的磨砺使牛根生蜕变成“老牛”，他拥有“老牛”的从容淡定、“老牛”的坚韧倔强。1999年，“老牛”联合亲友创办内蒙古蒙牛乳业（集团）股份有限公司，并担任董事长兼总裁，从此踏上了他事业的快车道。CCTV2003“中国经济年度人物”对牛根生的颁奖辞是这样写的：“他是一头牛，却跑出了火箭的速度！”

牛根生的故事让人深受启发：贫穷不是错，错的是认命的姿态，不管我们的出身多么卑微，不管我们的起点有多么低，只要我们不认命，坚强地去打拼，那我们依旧能在逆境中崛起，成就一番伟大的事业！

有人说：“学好数理化，不如有个好爸爸。”于是，很多人就把自己在物质和资源上的匮乏归罪于父辈的“不争气”。在他们眼中，只要有一个好爸爸，自己就能过上好日子，不用辛苦地去奋斗。

不可否认，有这种想法是人之常情，可一个人如果一直抱着这种消极的想法去生活，那只会白白浪费宝贵的青春年华。毕竟，起点不是我们能掌控的，与其一味地抱怨自己没有一个好家世，不如挺起腰杆，奋勇向前。

《周易》有云：“天行健，君子以自强不息。”这句话的意思是，君子处事，也应像天一样，力求进步，刚毅坚卓，发奋图强，不可懒惰成性。

从古至今，自强不息一直是我们中华民族的传统美德，人生不怕你的起点低，怕就怕在你没志气。纵观当今各界成功人士，很多人的起点都非常低。演艺界的周星驰、成龙、周润发、刘德华等，曾经都是混迹在街头巷尾的无名小卒；工商界的鲁冠球、刘永行兄弟、潘石屹等，曾经都是出身农村的穷小子。他们今天之所以取得如此显赫的成就，皆是因为他们不屈从于低起点和穷出身，一直在勉励自己向上攀爬，不管遇到何种困境，他们都毫不退缩、毫不松懈。

所以，朋友们，不要再对自己的家境和父母的平凡耿耿于怀，父母已经给了我们伟大的生命，而我们将有怎样的命运，则完全取决于我们付出的努力。

坦然面对失败和挫折

心理学家威利·卡瑞尔曾说："在面对最坏的情况之后，我马上就轻松下来，感到一种好几天来没有经历过的平静。然后，我就能思考了。"

喜欢成功，不喜欢失败；喜欢顺利，不喜欢挫折，这是人的天性，可生活却从来不会一直如意。活在这个世界上，我们总会遇到各种糟糕的事情，遇到失败和挫折是人生常态，一旦接纳这个事实，我们就能平静下来，继续自己的生活。

大山深处的一个村寨里，住着一位以砍柴为生的樵夫。樵夫的房子很破败，为了拥有一所亮堂的房子，樵夫每天早起晚归。五年之后，他终于盖了一所比较满意的房子。

有一天，这个樵夫从集市上卖完柴回家，发现自己的房子火光冲天。他的房子失火了，左邻右舍正在帮忙救火，但火借风势，越烧越旺。

大火终于将樵夫的房子烧为灰烬。在袅袅的余烟中，樵夫手里拿了一根棍子，在废墟中仔细翻寻。围观的邻居以为他在找藏在屋里的值钱物件，好奇地在一旁注视着他的举动。过了半晌，樵夫兴奋地叫着："找到了！找到了！"

邻人纷纷向前一探究竟，只见樵夫手里捧着的是一把没有木把的斧头。樵夫大声地说："只要有这柄斧头，我就可以再建造一个家。"

毫无疑问，樵夫的这种心态值得所有人学习，大火虽然烧掉了他的家园，但却烧不掉他内心的坚强和希望。不管遇到何种失败和挫折，只要我们能勇敢地去面对它，不逃避，不绝望，我们就能从逆境中突围。

反之，如果我们丧失信心和斗志，对命运举手投降，不再愈挫愈勇，那等待我们的一定是失意潦倒的一生。

楚汉相争时，刘邦很少占上风，老是被项羽欺侮。刘邦先打下关中咸阳（秦都），按照刘项原先的约定"先入关中者王之"，是刘邦当王。但项羽仗着自己兵强马壮，不遵守约定，就在彭城称王。刘邦心里有气，但没办法，只得忍气吞声。

项羽称王不打紧，他还一口气封了18个诸侯，却只给立了大功的刘邦一个小小的汉王，封地是当时边远的巴、蜀、汉中（汉中稍好）等地。

刘邦还是没脾气，委曲求全，远赴封地。刘邦输得起。而等到后来刘邦势强，将项羽追杀到乌江边时，项羽输不起了。项羽觉得无颜见江东父老，于是，用自杀的方式彻底毁灭自己。

人生在世，每个人都会遭遇逆境、经历失败，一时的失败并不代表什么，古人早就说了，胜败乃兵家常事。很可惜，项羽并不懂这个道理，他害怕失败，在失败面前，他大受打击，一蹶不振，而刘邦却输得起，一个输得起的人，最终才能赢得起。

他出生在农村，18岁时，因为意外失去了右手手掌；23岁，开始为期两年的流浪；在外历经了坎坷，回到老家后，务过农，摆过摊。1993年，靠一把小小的木梳，在短短的几年里，他就打造出一家“百年老店”。他的名字叫谭传华，他所创立的“谭木匠”公司，在2006年与2007年先后进入《福布斯》中国企业潜力100榜榜单。

但很多人有所不知的是，谭传华在经营“谭木匠”时，也曾犯过混。1998年，他在主业尚未完全稳固时，就“玩”起了电视剧，投资250万拍摄四川方言电视剧《爬坡上坎》。电视剧拍好后，正值春节将至，很多电视台打电话预订这部电视剧，以致于公司的两部联络电话“都打爆了”，但那时候，他总感觉以后还会有更大的“主”找上门。但这一等，将原本开价400万的主给错过了，春节过后，两部电话再没有发出任何声音。谭传华费了很大的力气，才勉强将这部电视剧以150万的价格给卖出去。

原本可以赚150万的，结果反倒亏了100万。那个时候，100万对于谭传华来说是一笔不小的资金。他亏得郁闷极了。

谭传华亏了怎么办？——认输。他觉得自己不是经营电视剧的料，也没有精力与能力去做多元化。他承认自己输了、错了，决心不再三心二意，从此只做自己的木匠。

相信很多人都听过一句谚语：“丈夫之志，能屈能伸。”这句话道出了我们中华民族一直推崇的一项美德——失意时能克制忍耐，得意时能施展抱负。

是的，在世间行走，我们每个人都应当像谭传华一样具有可伸则伸、当屈则屈的品格。要知道，只有经得起失败打击的人，才能历练出取得成功的本领。

通过失败，我们看到了自己的不足和缺点，加以改正以后，我们才能站得更高，看得更远，变得更强大，最后将自己的人生和事业经营得风生水起。

宝剑锋从磨砺出

中国有句老话叫，有头发，谁愿意做秃子？这句话反映了真正的人性，没有谁愿意吃苦。但是，老天爷可不这么想，他给你发什么牌，你都得接着。如果你能耐得住苦难的打磨，那你就能顺利地通过考验，迅速提高自身的实力，最后收获成就。

一位雕刻大师在森林里找到了两块上好的木料，便把它们带回家，准备雕成两座佛像。

就在雕刻家拿出工具时，一块木料哀求道："尊敬的先生，我受不了那种刀斧加身时的疼痛，你就放过我吧。"

"好的，我可以放过你。但你想过没有，如果不经过刀斧加身，你就会被人遗忘，永远没有出头之日了。"雕刻大师说完，就随手把那块木料放在一边，而另一块木料则被大师雕刻成了一尊佛像。

在大师完工后的那个夜晚，木料嘲笑那尊佛像说："哟，瞧瞧你，浑身刀痕累累，花了那么长时间，受了那么多的罪，现在还不是躺在这里，一动也不能动。你看看我，浑身上下没有一点伤痕，成天逍遥自在地躺在这里，别提多快活了。说不定，哪天又有人将我高价买走，我的前途又无限光明了。你说，我们俩的命运怎么会相差如此之大呢？”

佛像沉默着，没有理会木料的嘲笑。

过了几天，一座香火旺盛的寺庙主持前来拜访雕刻大师。闲聊当中，主持无意间看到了那尊佛像，愿意出高价买下，大师不肯。经主持再三恳求，大师见他心诚，才同意出售给他。

大师把那尊佛像交给主持时，又顺便把那块闲置在家的木料一并送给了主持，说：“这块木料放在我这里也没什么用，你一起拿走吧，说不定还能派上什么用场。”

“哦，由于香客太多，寺庙门槛早已被踩烂了。我看这块木料做门槛刚好合适。”主持说完，便把佛像和木料一起带走了。

安放在大殿中的佛像每天都受到香客的跪拜，身份地位尊荣备至。而那块木料则被做成了门槛，每天都被和尚和香客们踩来踩去。

一天夜里，木料又开口了，“我们是相同的两块木料，为什么你可以享受供奉，而我却天天让那些和尚和香客们踩来踩去，真是痛苦……”

佛像终于开口了：“在大师完工之前，我所受到的雕琢之苦，常人是难以承受的，当初你不愿意接受刀斧加身，所以，今天你我所受的待遇才会有天壤之别。”

从这个故事中，我们可以得出一个结论，那就是——欲戴皇冠，必承其重。所以，从这个角度看，生活对每个人还是很公平的，你能吃得了多大的苦，你就能享受到多大的尊荣。

吃苦是人生路上的一个槛，迈得过去，你就成为了命运的主人，人生的强者；不敢迈或迈不过去，你就成了命运的奴隶，人生的懦夫。松柏必须受得了霜寒，才能长青；寒梅必须经得起冰雪，才能吐露芬芳。生命在苦难中茁壮，思想在苦难中成熟，意志在苦难中坚强。

张海迪学习英文的执着非常人所能比拟。没有英语教材，张海迪就把“文革”前的旧英语课本整章整本地抄下来。她煞费苦心，自己“编辑”了一本奇特的英语教科书——一个厚厚的大本子，里面贴满了她平时搜集的印有英文说明的糖纸、药品说明书、袜子标签、烟盒、食品包装等。她说，读这样的“书”，学得快、记得牢。

她在书桌上、书架上、床单上写满了英语单词、语句，墙上也贴得密密麻麻。张海迪的书桌上摆着一个泥塑的会摇头的“小县官”，那是妈妈送给她的生日礼物。过去工作累了，她常常摆弄它，与之逗乐。后来，张海迪却在它相应的部位上全写上了耳朵、眼睛、鼻子、嘴巴的英文单词。

在时间的利用上，张海迪更是分秒必争。有时，她一边吃饭，一边念念有词地背诵，有几次竟然把笔插进饭碗里。她本无饮茶的习惯，但为了学习，每天晚上，她都要饮一壶又苦又涩、像中药汤那样的难以下咽的酽茶，借以提神。她还给自己立下了一条规矩，每天背不熟规定的单词数，就自己打自己的板子。为了按时完成学习计划，她甚至使用兴奋神经的药物。

艰苦的学习，对于身体健全的人来说，只是精力的聚集、体力的消耗，但劳累了，只需要稍事休息，便可得到恢复和补充。张海迪有时连续坐上几个小时，上身疼痛难忍，尚可用顽强的意志来征服，而三分之二的下身却麻木得如同一块墩子。常用一种姿式，久不活动，她的身上生出褥疮，这处感染化脓未封口，另一处又开始溃烂。

张海迪就趴在床上，用肘支撑上身，昂着头看书写字。为了攻克英语，张海迪那有知觉的部分肢体付出的是血的代价。她用过的英语练习本，摞起来有两尺多高，她的英语水平也在不到两年的时间内，就达到了高中生的标准……

随着英语水平的不断提高，张海迪开始尝试着翻译英文作品，大量的英文作品为她打开了了解世界的一道窗口，更给她的人生带来了更大的突破口。

毫无疑问，张海迪是一个意志顽强、自强不息的人，面对苦难，她没有退缩，没有逃避，而是勇敢地承受它，任由它打磨自己、雕琢自己。

最后，她以残疾之躯成就了个人的伟大事业，成为中国万千年轻人心中的榜样，而这显然也是命运对她的最大奖赏。

吃得苦中苦，方为人上人，希望我们每一个人都能继承这项传统美德，在逆境中更要勉励自己迎难而上，直至顺利到达成功的彼岸。

逆境之后就是奇迹

人生在世，总会有遇到逆境。就如同人生总有风雨，栉风沐雨也是人生的常态。大部分人之所以感到痛苦，是因为他们不知道，风雨过后就是彩虹。

在非洲和北美的一些地区生活着大批的狼和鬣狗，狼和鬣狗都是群居动物，它们很少单独外出捕猎。每个狼群都有一个首领，狼群外出捕猎时，统一由狼王指挥；而鬣狗却是一窝蜂地往前冲，但鬣狗仗着数量众多，也常常能从猎豹和狮子的嘴里抢夺食物。

一年夏天，天气极度干旱，许多动物因缺少水、食物而死去，为了争夺一只被狮子吃剩的野牛残骸，一群狼与鬣狗发生了激烈的厮斗。鬣狗死伤惨重，但由于数量众多，群狼也大多惨死在了鬣狗的利齿之下。最后，只剩下一只狼王与五只鬣狗还在对峙。

显然，狼王与鬣狗的力量相差悬殊，何况狼王还在混战中被咬伤了一条后腿。面对步步紧逼的鬣狗，狼王突然一口咬断了自己的伤腿，然后向离自己最近的那只鬣狗猛扑过去，以迅雷不及掩耳之势咬断了它的喉咙。其他四只鬣狗被狼王的举动吓呆了，都站在原地，不敢向前。终于，四只鬣狗拖着疲惫的身体一步一摇地离开了怒目而视的狼王。狼王得救了。

这是美国动物学家在跟踪拍摄资料时，亲眼看到的一段经历。当危险来临时，狼王能毅然咬断自己的后腿，让自己毫无牵累地应付强敌，这值得我们学习。在我们的生活中或工作中，拖我们后腿的东西很多，比如患得患失、瞻前顾后、惊慌失措等。如果没有狼王那样咬断后腿的勇气，我们就无法获取成功。

与动物相比，人要聪明得多。但有些时候，人有很多小聪明，但却少有狼王这样的大智慧。特别是在逆境中，很少有人有壮士断腕的勇气。没有壮士断腕的勇气，那逆境只会让人沉沦。而一旦有了这种勇气，你会发现，所谓的逆境也不过是一次问题而已。解决掉问题，逆境就会变成顺境，生命也会有别样的风采。

澳大利亚的一座孤岛上生活着一群鸟，它们因为有着尖而长的喙而得名为长喙鸟，这种鸟靠啄食一种叫蒺藜的果子为生。短喙鸟一出生就受到歧视，母亲会在它们满两个月后就抛下它们不管。它们的食物是一种果子，而这种果子浑身长满坚硬的刺，只有长喙鸟才能啄得开。于是，每年都有很多喙短的鸟死于饥饿。而喙长的鸟一出生就有骄傲的资本，它们眼看着短喙的鸟被母亲抛弃而饿死，自己却得意地吃着蒺藜果，自由自在地在岛上飞翔。

一只短喙鸟在吃完母亲啄开的最后一颗蒺藜果之后，它知道自己面临着生死的考验了。它不甘心地走近一颗蒺藜果，明知自己无法啄开那坚硬的果壳，并且还要被长刺扎得鲜血淋漓，还是不停地啄。可是，由于蒺藜刺实在太长，短喙鸟还是失败了，面临生存的威胁，它只好伤心地飞离蒺藜林，决定去寻找新的生机。就在它饿得头晕目眩的时候，它啄食了在浅海里游动的小鱼，虽然它恶心得想呕吐，但是为了生存，它还是咽下了鱼。慢慢地，它觉得小鱼的味道其实比蒺藜果的味道还好。

一时间，短喙鸟纷纷效仿，于是，短喙鸟就这样生存下来。而长喙鸟则依然吃着它们认为天下最美味的蒺藜果。短喙鸟的儿女们的喙更短，为了生存，它们天天去海里捕食。浅海里的鱼吃完了，它们就去深海捕食。后来，它们不仅吃鱼，只要是能捕捉到的动物，都成为了它们的食物。在捕猎中，它们练就了一张短而有力的嘴，还有一对大而强健的翅膀和一双尖利的爪子。数年后，短喙鸟成为海上的强者，而长喙鸟却随着蒺藜果的消失而永远消失了。

本来，短喙鸟生下来就遭受了不公平待遇，连母亲都会抛下它们不管，它们无法啄开蒺藜果。但是，为了生存，它们不轻言放弃，努力地进行了尝试；它们也懂得适时抉择，没有放弃自己，试图寻找新的出路；它们也没有被眼前小小的胜利冲昏头脑，而是勇于拓展，不断磨炼，终于成为海上的强者！

在生活和工作中，很多人由于先天或后天的原因也会遭遇短喙鸟的境遇，面临被解雇或淘汰的命运。在此情况下，是不是就要怨天尤人或长吁短叹呢？短喙鸟的故事给了我们很好的启示，那就是我们要学会在困境中求生存，超越困境，获得快乐！

坚持下去，人生总有出路

“水滴石穿”这个成语是“坚持”的最好写照。只要不停地滴水，石头也能被看似柔弱的水滴穿透。我国伟大的科学家钱学森也曾说过，不要失去信心，只要坚持不懈，就终会有成果。

成功来自于坚持，坚持是一种精神，是一种力量，更是一种积极的人生态度。坚持说起来容易，做起来却很难。就像跑马拉松一样，刚开始起跑的时候几百人、上千人，可跑到终点的却没有几个人。人们在中途会因为各种原因退出比赛。许多人往往坚持了很久，就在马上要到达终点时，却因为失去了坚持的动力，最后与成功失之交臂。

据说，世界上只有两种动物能够到达金字塔顶。一种是老鹰，还有一种是蜗牛。老鹰和蜗牛是如此的不同：鹰矫健、敏捷、锐利，蜗牛弱小、迟钝、笨拙。鹰有一对能飞翔的翅膀，蜗牛则背着一个厚重的壳。可是，蜗牛仍然能和老鹰一样到达金字塔顶，为什么？因为它有一份永不停息的执着精神！坚持带给了它力量，坚持使它创造了属于自己的奇迹。

苏武被匈奴扣押，坚持了近20年才返回大汉；曹雪芹坚持用了十年的光景，才写下了不朽的《红楼梦》；李时珍用了三十载的时间，才完成了《本草纲目》；匡衡家境贫寒，却坚持凿壁借光，终成大学……中国传统文化中，无数人用自己的亲身经历向我们诠释了这样一个道理：坚持就是力量，坚持就是通向成功不可获缺的精神力量。

在温哥华冬奥会的双人滑比赛中，中国选手申雪、赵宏博以216.57分的总成绩夺得冠军。这块金牌对他们来说得之不易。作为三届世锦赛金牌、两届冬奥会铜牌得主，申雪、赵宏博选择在“隐退”两年后复出，为的就是这枚冬奥会金牌。31岁的申雪和37岁的赵宏博早已经过了自己的黄金期，多年的征战也使他们身上满是伤痕，但为了实现心中的梦想，这对冰坛伉俪付出了常人难以想象的艰辛，克服了常人难以想象的困难。是坚持带给了他们无穷的力量，执着的坚持，终于使他们如愿以偿。

在马拉松比赛中，发令枪响时冲在最前面的不一定能夺冠，中途放弃的肯定与奖牌无缘，最后的胜利者将从那些坚持到最后的人中产生。我们很有必要把“坚持”二字刻写在自己的心里，使之成为鼓舞我们自己的精神力量。坚持是一种自信，它是挑战自我的一种勇气；坚持更是一种力量，它不仅会给自己以力量，还给别人以力量。

坚持就是力量，在生活中学会坚持，你就能克服重重困难，就会走向成功的彼岸。人的一生不可能永远一帆风顺，多多少少都会遇到一些挑战。世界上之所以有强弱之分，究其原因，是前者在接受命运挑战的时候说：“我永远不会放弃。”后者说：“算了，我承受不住。”

一位音乐家失去了最宝贵的听觉，在这种情况下，他也没有放弃自己最热爱的事业，他用自己的勇气抵抗命运的打击，创作出了令人惊叹的乐曲。他就是耳聋的音乐家——贝多芬。

永远不要说放弃是一种坚定的信念、执着的追求，也是一种可贵的自信。永远不说放弃是一种幸福，也是一种自豪。当你想要放弃时，不妨想想，也许阳光就在转弯的不远处，如果此刻放弃，就永远触不到成功的希望。

美国电影《当幸福来敲门》是一部非常感人的电影。影片讲了一个小人物通过艰苦奋斗终获成功的故事。这个故事改编于真人真事，影片主人公的原型是美国富翁克里斯，他曾经流浪、入狱，他为了维持生活而去卖血，但他从未放弃过自己的梦想！他把二十五年的奋斗故事写成书、拍成电影，向世人证明：只要今天够努力，幸福的明天就会来！

主人公哈里斯靠推销“骨密度测试仪”维持生活。每个月他必须卖掉2台仪器，才能保证家庭基本生活和儿子上幼儿园的费用。因为生活的窘迫，他的妻子离开了他。他带着5岁的儿子生活。他交不起房租，因而，他只得到一家费用很低的汽车旅馆居住。他因交不起税金而被警察关了一夜，直到第2天警察确认他的确没有能力缴纳罚金后才放了他。

但是后来，他连这样的房租也付不起了，他们的东西被房东扔在了外面。无奈，他和儿子到了地铁站，在厕所里度过了艰难的一夜。夜里，他坐在地上，儿子枕在他的腿上酣然入睡。当外面有人敲门时，他不忍心打扰儿子的美梦，只有任由眼泪流淌……

后来，他和儿子找到了一个收容所暂时栖身。幸福，幸福在哪里？

一次，他找到了一个新的工作机会，是学习做经纪人。但是有个前提，前6个月没有工资，要一边参加培训，同时，每个人必须联系到很多客户，6个月毕业时，还需要通过严格的考试！

白天，他拼命地工作。他不停地给客户打电话，还要不断地出去拜访客户，同时，他还要为公司里的的人义务做很多杂事。为了节约时间，他白天很少喝水，是要节约上厕所的时间；他打完一个电话,总是不把听筒放在话机上，接着拨打下一个电话。他珍惜每个分分秒秒，因为他要早点下班，以最快的速度接到孩子以后,接着赶到收容所去抢占住的位置。

夜里，他发奋读书学习。晚上没有电，他要借助路灯来看书，同时，他还要修理剩下的一台被损坏的仪器。他对待工作认真而执着，他用真诚打动了很多客户。

幸福在一步步向他靠近。6个月过去了，他争取到了31个客户！他以优异的业绩被公司录取，并获得了一个丰厚的红包。接过聘用合同的那一刹那，他哭了。多少年的努力，终于得到了回报；多少次的挣扎和绝望，都在这一刻成为过去。

后来，他有了自己的公司，成为一个杰出的商人，幸福终于来临了！

这个故事告诉我们，人生的道路从来都不会是平坦的，我们会遇到无数的艰难困苦。当面临逆境的时候，当灾难来临的时候，当生活穷困潦倒的时候，当绝望的时候，我们不要放弃梦想！只要坚持自己的信念，不断地向幸福走去，幸福终将会来临！